AI時代の子育て戦略

成毛 眞

SB新書
439

はじめに

あなたは今、確信を持って子育てをしているだろうか。

少し前までは、「いい大学に行かせること＝理想の子育て」と理解している親が多かった。実際に、一流大学に行けば一流企業に就職できて、それなりに安定した生活を送ることができた。まだまだそう思っている親はいるだろう。

しかし、こうして本書を手に取っているということは、あなたはすでに「一流大学コース」に疑問を持ち始めているのではないか。受験に子育ての１００％を注ぎ込んでいいとも思えないが、かといって何をさせれば良いのかわからない。そんなふうに迷っているのではないだろうか。

考えてみれば、迷うのも当然だ。

本書のメインとなる読者はおそらく30〜40代の子育て世代だろう。その多くは、厳しい競争を乗り越えて大学に進学し、就職難の時代を勝ち抜いた結果、職を得た人たちだと推測する。「いい大学を出て安定した職に就けば幸せになれる」と信じてがんばり、配偶者や子どもにも恵まれ、それなりに不自由なく生活していることだろう。

でも、どこかでぬぐいきれない違和感も感じているはずだ。

ふと見渡せば、自分よりも一回り近く年下の世代がベンチャー企業の経営者として成功し、ケタ違いの収入を手にしているという現実がある。

NewsPicksなどのニュースアプリを見れば、そんな人たちが山のように登場し、会社では耳にすることのない情報が飛び交っている。

自分が生きてきた世界とは違う世界で成功している人がたくさんいる。どこでどうやってコースが違ったのか、わからない人もいるだろう。

ただ、わからないながらも、疑問は抱いているはずだ。これまで社会的に成功とされてきた、難関中高一貫校から東大、一部上場企業へという路線が、今後も成功像になり続けるかどうかという疑問。「いや、どうも違うんじゃないか」と気づいているはずだ。

そう、あなたの違和感は正しい。

すでに「ガリ勉をして東大」というルートはヤバイ。私の肌感覚から言うと、東大卒で本当に使える人は10人に1人いるかどうかだ。

幼い頃から難関校合格を目指して小中高と学習塾に通い、特定の正解を得るためのテクニックを磨く。

そうやって東大を卒業した結果、わが子が「使えない人材」になったら……。私なら、そんなハイリスクな教育にベットしようとは思わない。


今、人工知能（ＡＩ）技術の高度化で、今後は多くの職業がＡＩに取って代わられると言われている。先が読みにくい時代であることは間違いない。

では、ＡＩ時代の子育てとはどういうものなのか？　どうすればよいのか？　そんなモヤモヤした状態から一歩抜け出すために、私が背中を押してあげようというのが本書の目的である。

本書を読んだ上で、やっぱり我が子には東大を目指してもらうと覚悟を決めるなら、もちろん私はそれを尊重する。それはあなたの子育てであり、子どもの人生だ。

本書を1つの教材とし、後悔がないと思える子育ての一助としてほしい。

目次

第2章

子育ては「ハマるもの探し」の旅 35

第3章

第4章 子どもにはゲームをやらせなさい

第5章

対談　堀江貴文×成毛眞　123

10年後、その職業は存在するのか？　147

第6章

AI時代を生き抜くためのSTEM教育 179

第１章

子どもの才能はどこで決まるのか

「ガリ勉して東大」は、ハイリスクすぎる

本書を読むにあたって、あなたは問題意識を持っているはずだ。

「子どもを東大に行かせるのが正解じゃないような気がするけど、他に代わるルートもよくわからないし、さてどうしたものか」

という問題意識だ。

答えがわからないながらも「何か好きなことを見つけ出して、それを追求してほしい」と願っているのではないか。

好きなことで才能を発揮して生きていってほしい――。

口ではそう言いつつ、子育てでそれを実践している親は少ない。というのも、人間が才能を発揮する分野は数多くあるのに、今の教育制度は受験の才能に重きを置いているからだ。企業側の多くも、いまだに受験の才能を選別の基準にするという、アンフェアな制度ができあがっている。

確率的に考えれば、受験勉強をさせておいたほうがよさそうだ。そう考えるからこ

そ、親たちは今日も今日とて「勉強しなさい」とか「宿題をちゃんとやったか」などと子どもたちをけしかけている。

そんな中、あなたは「やっぱりガリガリ勉強させるのはヤバそうだ」と気付いている。これは結構なアドバンテージだ。

そう、**受験に全精力を注ぎ込むのは危険すぎる。**子どもが本当に才能を発揮できる分野を見つけたほうがいいに決まっている。

そこで最初の問題意識に戻る。さて、いったい子どもの才能をどう発掘したらよいのだろうか。

考えるに先立って、まず問題にしたいことがある。子どもの能力は親から遺伝するのではないかという、私がかねてから抱いていた疑問だ。

「鳶《とび》が鷹を生む」ということわざがある。平凡な親が優れた子を生むことをたとえた表現だ。鳶も鷹も同じタカ科の鳥だが、鷹のほうが優れているとみなされている。

鳶は当然、鳶の子を生む。鷹は鷹の子を生む。鳶が鷹を生んだら驚きだ。それを裏づけるように「血は争えない」「蛙の子は蛙」などの表現も広く使われている。

つまり、昔から、平凡な親から平凡な子が生まれるのが当然で、平凡な親から非凡な子が生まれるのは例外だとみなされてきたわけだ。

親の能力は遺伝する

現実に、私たちは遺伝の影響をごく自然に受け入れている。

第一、親子は顔が似ている。街を歩いていても、そっくりな顔をしている親子を見つけて、感心することがある。似すぎていて思わず笑ってしまうこともある。

身体的な特徴も親子で似通っている。特別に背が高い人を見たら、きっと「お父さんかお母さんも背が高いでしょ？」と口にするはずだ。足が速い人には「その脚力は、お父さんとお母さんのどっちに似たんですか？」などと聞いてしまうはずだ。

スポーツ選手などは、もう見た目からしてまるで違う。

たとえばプロ野球。２０１７年、日本ハムファイターズにドラフト1位入団した清宮幸太郎選手の父は、元ラグビー選手で指導者としても活躍した清宮克幸氏である。清宮選手は１８４センチ、１００キロと体格に恵まれているし、親譲りの運動神経も兼ね備えている。

清宮選手と入れ替わりに日本ハムを退団し、２０１８年からロサンゼルス・エンゼルスでプレーするのが大谷翔平選手だ。彼の父親は社会人野球でプレーした経歴を持ち、母親はバドミントンで鳴らした選手だという。聞けば納得だ。平均的な体型の両親から、あんな体格になれるわけがない。テレビで見ると「大きい人だな」という印象だろうが、実際に目の前にしたら圧倒されること間違いない。体つきというのはトレーニングで作ろうとしても限界がある。彼の体格をうらやむプロ野球選手は山ほどいるのではないか。

大相撲でも、元横綱朝青龍関の父親はモンゴル相撲の力士だったし、横綱・白鵬関も同じである。特に、白鵬関の父である故ジグジドゥ・ムンフバト氏は、オリンピックのレスリングで銀メダルを獲得したほどの一流アスリートだ。

音楽や絵画などの芸術に関しても同様だ。

宇多田ヒカル氏がデビューしたとき、彼女が「藤圭子の娘」であることを聞いて、多くの人が納得したはずだ。また、人気ロックバンド、ONE OK ROCKのボーカルであるTaka氏も異常なまでに歌が上手い。父は森進一氏で、母は森昌子氏。両親とも一流の歌手なのだから、才能を受け継いでいるのは間違いない。

画家の子どもは、画家よりもクリエイターになるケースが多い。

フランス印象派の画家であるオーギュスト・ルノワールの次男はジャン・ルノワール。『ピクニック』『大いなる幻影』などの作品で知られる映画監督である。

パブロ・ピカソの子どもには、ファッションデザイナーのパロマ・ピカソ、写真家のクロード・ピカソなどがいる。

ちなみに、ピカソの父親であるドン・ホセは美術教師だった。彼はピカソが10代前半の頃、絵の道具をすべて息子に譲り渡し、絵を描くのをやめたというエピソードがある。ピカソのまばゆい才能を目の当たりにして、自分の才能の限界を知ったからとされている。

音楽家の子が音楽家になるのは理解できるのに、文章だけはなぜか、誰でも練習すればプロになれると考えている人が多い。だったら、小説家を目指している人はみんな小説家になれるはずだが、現実にはそうなってはいない。文章は、練習しなくてもうまい人は上手い。

文芸の世界で見ると、森鷗外の子には、長女の森茉莉（小説家）、次女の森杏奴（随筆家）、三男の森類（随筆家）と、見事に文筆の才能を受け継いだ子どもがいる。

同じく小説家である幸田露伴では、次女が幸田文、その長女・青木玉氏、さらにその娘が青木奈緒氏という代々の文芸一家もある。

さらに、江國香織氏の父は俳人としても知られる江國滋……など、一つひとつ例を挙げていったら、枚挙にいとまがない。

そう考えると、**勉強の才能だけが遺伝しないというのは無理筋である。**遺伝するとみなすのが自然だ。

音楽やスポーツの才能は、ほとんどが遺伝

勉強ができるのは生まれつきなのか？　音楽や美術の才能は遺伝の影響なのか？　親の地位や収入は子どもにも受け継がれるのか？

そうした疑問について、学問の世界では研究が進められている。慶應義塾大学教授である安藤寿康氏は、行動遺伝学、教育心理学を専門とし、認知能力とパーソナリティの発達に及ぼす遺伝と環境の影響について研究を行っている。

安藤教授が行っているのは双生児法を用いた研究である。

普通の兄弟姉妹は、お互いに遺伝子を半分程度共有している。父親と母親が2つずつペアで持っていた遺伝子の半分を受け継いだわけだから、自分のある遺伝子と同じ遺伝子を兄弟姉妹が持つ確率は2分の1ということになる。

これに対して一卵性双生児は、1つの受精卵から生まれたので遺伝情報は同じと考えられる。つまり一卵性双生児と二卵性双生児や双子でない兄弟姉妹とでは、遺伝の類似性が2倍違うということになる。

双子や兄弟姉妹は、基本的に同じ環境で育つから、もし二卵性双生児や兄弟姉妹と比べて一卵性双生児のほうが似ていたら、それは遺伝の影響によるものだと考えられるのだ。

そうやって統計的にデータを集めた結果、あらゆる分野に遺伝の影響があることがわかってきた。ただし、環境の影響がまったくないわけではなく、分野によって遺伝と環境の影響する度合いが異なっている。

たとえば、**音楽や執筆、数学、スポーツといった分野では遺伝の影響がほぼ8割以上**と、圧倒的に大きいことが判明している。

一方で、チェスや美術の才能は遺伝の影響が約半分とされている。

素質が受け継がれても、それだけでは一流になれない

学業成績については、音楽やスポーツほど圧倒的ではないが、やはり遺伝の影響は否定できない。勉強ができる親からは、ある程度賢い子が生まれる可能性がある。ただし、偏差値70の親の子が、偏差値70になるわけではない。実際には、遺伝には多少のバラツキがある。偏差値75になることもあれば、偏差値65止まりの可能性もある。親より賢くなるか劣るかは、ほぼ同確率である。

勉強以外も、すべて同じ理屈で説明できる。

野球偏差値70の親からは、野球偏差値65～75の子が生まれる（しかも勉強よりも遺伝の影響が強い）。その子が野球偏差値75だったら、プロ野球選手になれる確率が高くなる。

イチロー選手の父である鈴木宣之氏はプロ野球選手ではなかったが、野球偏差値でいえばエリートだと思う。自分の野球偏差値を自覚していたのか、本能的に気付いたのかはわからないが、幼少期からイチローを猛特訓して名選手へと育て上げた。

前述した森進一氏と森昌子氏は、2人そろって歌唱偏差値が高いから、子どもも同程度か、それ以上になる可能性が高い。結果、歌唱偏差値がさらに高いTaka氏が生まれたという感じではなかろうか。

とはいえ、子ども全員が高い歌唱偏差値になるわけではない。現に、森進一、昌子両氏には3人の息子がいて、うち2人がプロになっている。プロにならなかった一人は、音楽以外の分野に才能があったのかもしれない。あるいは、歌唱力の才能はあっても、本人にモチベーションがなかった可能性は考えられる。

モチベーションは、才能を開花させる上で見過ごせない大きな要素である。勉強ができる人は勉強が好きだし、歌がうまい人は歌うことを好む。とりわけスポーツにはその傾向がある。大成したアスリートを見ていると、練習にのめりこんでいるのがよくわかる。よほど練習好きでないと、そこまでのめり込めない。

マンガ家になった子は、子どものころから夢中になってマンガを描いていた人ばかりである。クラスで毎週マンガの「連載」を友だちに見せて人気者になっていた子が、長じてプロになったという話もよく聞く。そこに出版社などが介在するようになって、ビジネスとして成立するようになっただけで、やっていることは子どもの頃から何一つ変わっていない。今は学校に行かなくてもSNSで読者を獲得できるから、不登校からプロのマンガ家になる子もいるだろう。

ともあれ、のめり込む力は親に言われて身につくものではない。これもやはり遺伝としか言いようがない。角界などは、よほど天賦の相撲好きが集まっていると思う。好きでない限り、あの厳しい稽古や相撲部屋の生活に耐えられるはずがない。

プロになるには「素質＋のめり込む才能」が必要だ

よく「才能＋努力」と言われるが、正しくは**「素質＋のめり込む才能」**である。繰り返すが、両方とも遺伝で受け継がれるものである。

素質とは、身体的な特徴や能力を指す。マラソンランナーで言えば赤筋の量が多い、短距離ランナーでいえば白筋の量が多い、バスケットボール選手なら背が高いといった競技に有利となる身体のつくりのことである。ちなみに、赤筋は「遅筋」とも呼ばれ持久力に優れた筋肉であり、白筋は「速筋」ともいわれる瞬発性に優れた筋肉を意味する。

勉強でいえば、記憶力がいい、計算力に優れているといった素質が有利に働くだろう。こういった素質に、のめり込む才能が合致すれば鬼に金棒である。

プロ野球界には「素質に恵まれているけど、のめり込む才能はそこそこの選手」もいれば、「素質はそこそこだけど、のめり込む才能に秀でた選手」もいるはずだ。そういった選手たちは一流にはなれるとしても、超一流にはなれない。

プロの中でも、「素質＋のめり込む才能」の両方に突出したプレイヤーが圧倒的な成績を残している。大谷翔平選手のような、マンガに出てくるような体軀の持ち主が四六時中野球に没頭していたら、並の選手が太刀打ちできるわけがない。

一方で、身体的な素質を持ち合わせていながら、スポーツにのめり込めない人は結構な割合で存在する。かくいう私などが典型例だ。

私は小さいころから身長が高かったので、「スポーツをやればいいのに」と耳にタコができるくらい聞かされてきた。小学校当時、クラス対抗のサッカーがあると、必ずゴールキーパーをやらされていたのを思い出す。フォワードでなくてキーパーだったのは、背だけ高くて足が遅かったからだ。

中学生時代には、すでに身長が１７５、６センチに達していたが、まったくスポーツをやろうとは思わなかった。今でも、スポーツはやるのも嫌いだし、見るのもほとんど興味がない。スポーツにのめり込む才能がなかったからに違いない。

ガリ勉タイプでは仕事で使い物にならない

受験勉強も、ある程度の素質を持ち合わせた上で、勉強にのめり込めた子どもが勝っているのがわかる。東大に合格した人たちの勉強法をよく見てみると、ほとんどの人が勉強を楽しんでいる。ロールプレイングゲームのように、遊び感覚でやっているうちに成績が向上したという話を頻繁に耳にする。

一時期『東大合格生のノートはかならず美しい』（太田あや著、文藝春秋）という本が話題となった。掲載されているノートは、それぞれ工夫が凝らされている。のめり込む能力があったからこそ、そこまでノート作りを追究できたわけだ。

彼らは、才能を持ち合わせ、たまたま受験にのめり込めたから、東大に進学する道を選んだ。

これに対して、勉強にのめり込む才能を遺伝していなかった人もいる。

たとえば、記憶力が恐ろしく優れているのに、学歴はさっぱりというケース。世の中には、蝶の名前ならいくらでも挙げられるという人がいる。東大は出ていないけれど、異常なまでに知識を持っている人は、マニアの世界にはうなるほどいる。彼らを見ていると、「ああ、この人は受験勉強にのめり込む才能はなかったのだな」と思う。私がスポーツに興味を持てなかったのと構造は一緒である。

東大出身者を見ていても、素質だけでここまで来たような人と、のめり込む才能が突出した人の2タイプがいることに気付く。

精神科医の和田秀樹氏と対談をしたときに「子どもの頃からゲーム感覚で勉強をしていた」という話を聞いて納得した。

そうやって、**のめり込んで勉強してきた人は本当に頭がいい**。財務省の官僚などもそういったタイプが多い。彼らに話を聞くと「親から言われてガリ勉をした記憶がない」という人がほとんどだ。

「男子御三家」と呼ばれる名門私立高の1つ、麻布中学・高校などは「のめり込みタイプ」の巣窟だ。彼らは、本当にガリ勉をしていない。だから、髪を染めたり卒業式で女性もののスカートをはいたりと、自由な校風でありながら本当にみんな賢い。

ガリ勉で無理やり東大に入った人が、彼らのような天才肌に勝てるわけがない。実際、私が見る限り、ガリ勉組の東大生のほとんどは、まったく仕事で使えない人材だ。

受験勉強以外でも、いくらでも道はある

もちろん、遺伝といっても、父と母、どちらの才能を受け継ぐかという問題はある。運動能力は父親に似て、知的能力は母親に似るかもしれない。あるいはその逆で、運動能力は母親に似て、知的能力は父親に似るかもしれない。能力の遺伝は、バラバラに発現するから、一概にあなたの能力が子どもに遺伝するわけではない。

ただ、夫婦間にそこまで極端な能力差はないはずだ。

いろいろな人を見ていて不思議に共通しているのは、人間は同レベルの友だちと一番仲がいいということだ。私の場合、高校時代に最も偏差値が高く、今も付き合いがあるのは高校の同級生たちである。一方で、小中学校の同級生や大学時代の友人とはほとんど付き合いがない。東大卒とマイルドヤンキーが結婚したという話はほとんど聞かないし、あればネットニュースで話題になっている。

マイルドヤンキーが地元から出ないというのは、みんなレベルが一緒で居心地がいいからに決まっている。マイルドヤンキーが「私は三菱商事です」「マッキンゼーで働いています」みたいな人とお見合いをさせられても（まあ、そんなマッチングをする人はいないと思うが）、ただただ困惑するだけだ。

文化庁が平成25年に全国16歳以上の男女を対象に行った調査では、月に1冊も本を読まない人が47・5％いるとの結果が出た。平成14年度が37・6％、平成20年度は46・1％だったから、確実に上昇している。今は、すでに半数以上が1か月に1冊も本を読んでいないのではないか。

書評を仕事にしている私ですら、うっかりすると本を読んでいない時期があり、締め切りに追われて必死に読んだりするくらいだ。

編集者やライターといったプロの読書量だって相当減っているはずだ。プロですら読んでいないのだから、一般の人が本を読まないといっても驚かない。

そんな中、あなたは、こういう本に興味を持ってわざわざ読んでいるくらいだから、ある程度の知的水準にある人なのだろう。配偶者も、程度の差こそあれ、一定以上の知的水準にあると推察する。

だから、あなた方の子どもは、総合的な知的才能でいえば偏差値50以上は担保されているると断言していい。

あなたの子に、「受験の素質」と「のめり込む才能」が備わっている可能性はある。好きで勉強するのだったら、どんどん勉強をさせて、東大でもハーバード大でも行けばいい。

だが、**子どもが受け継ぐ才能は受験以外にもたくさんある。**スポーツもあれば、音楽、美術、文筆、工芸など、どこに才能の芽が出るのかはわからない。スポーツ1つをとっても、かつては野球一辺倒だったのが、サッカーやスノーボード、ボルダリングなど多種多様な競技がある。

道は無数にあるのだから、1つは他人より傑出している分野があるはずだ。

今ではいい大学に行く以外の選択肢が増えてきている。いい大学に行くより、才能を発揮できる分野で活躍したほうが幸せに決まっている。少なくとも、子どもが嫌がっているのに「お前のためだ」などと言って、むりやり勉強させるのは間違っている。本来発揮できたかもしれない才能をつぶすだけでなく、あえて才能に乏しい道を歩ませようとするのだから、二重の意味で子どもを不幸にするだけだ。

才能・興味がないものを強制してもムダ

受験の才能のない子に、あえて受験をやらせる必要はないし、時間のムダである。私自身、自分の娘に「東大に行け」「最低でも早慶だ」などと一度も口にしたことがない。口にしたところでムダだと思っていたからだ。

受験に関しては、私に似て「のめり込む才能」に欠けているのがわかっていた。受験に向いていないのに、あえて勉強を押しつけても仕方がない。

もちろん本人が勉強したいと言い出せば、反対はしなかっただろう。ただ、勉強を押しつけるのだけはやめようと固く決めていたので、ずっと塾にも行かせなかった。

中学3年時、高校受験を前にして、娘はどうやら周りの子たちが塾に通っているという事実に気付いたらしい。「みんな中学1年から塾で受験勉強をしていたらしいよ」と訴えてきたので、「そんなこと、今さら知ったのか」と答えた記憶がある。

親が勉強に一切干渉しないのが例外中の例外だという事実に焦ったのだろう。娘は中学3年の夏から自分の意志で学習塾に通い始めた。すでに受験までの期間も限られていたから、3か月～半年くらいの期間だったと思う。

塾に行ったからといって、受験の結果には過度な期待をしていなかったし、実際、どんな学校に進学してもよいと考えていた。

とはいえ、受験の才能がないと思っていただけで、子どもの才能そのものには大いに期待していた。受験以外の分野では才能があるのが目に見えていたので、それを伸ばしたほうがはるかに得だと感じていた。

物事を大まかに捉えて認識する能力とか、0から1を生み出す能力などは優れていると信じていた。それらが開花する方向ではサポートしたつもりだ。

「オール5」を目指すのはムダが多い

自分の子に向いている分野で才能を伸ばそうとする親は少しずつ増えている。理屈で結論を導き出しているわけではなくても、本能的に選択しているのだろう。

たとえば京都工芸大学のような大学に進学し、指物の技術を学ぼうとする受験生が増えているという。そんな話を聞くと、親も子もわかっているな、と感心する。

普通の大学の商学部や法学部で学ぶより、工芸大学のようなところで指物の訓練をしたほうが、将来食べていける確率が高まるのは自明の理である。

本質的に細かい作業が好きな子は、職人の道に進むのが合っている。子どもの頃からプラモデルが大好きだったような子は、指物職人の道に進むのがふさわしい。

手作業を極めるというコースが定まっていれば、別に受験勉強やスポーツに力を入れなくてもいい。

よく「子どもの体力が落ちた」などと言われることがある。でも、本当に子どもの体力が落ちているのか疑わしいものだ。

40年前と比べてオリンピックでの獲得メダル数は確実に増えているし、卓球の張本智和選手など、10代アスリートの世界的な活躍を見る機会もある。トップのレベルが上がっているということは、全体的なレベルも底上げされている証拠だ。

おそらく、子どもたちの体力が下がっているのではなく、みんなが学校の体育を軽視しているだけではないか。

学校の体育の時間に本気でサッカーをしている子は、プロのサッカー選手にはならない。プロを目指すような子は、体育の時間は適当に流して、放課後のクラブチームで本気を出している。

陸上の選手もそうだ。体育の時間は適切なウォーミングアップもしないから、プロを目指すレベルの子にしてみたら危険で仕方がない。だから本気で走ろうなどとは考えない。

結果的に、体育の先生には、その子が普通の運動レベルにしか見えていないという状況が生じているのではないか。

学校での勉強も似たようなことが起きている。中学受験でトップ校を目指す子は、サピックスや早稲田アカデミーといった進学塾でみっちり勉強しているので、学校の授業中は体力温存のためにせっせと昼寝をしている。

つまり、学校はもはや「義務だから行っている」だけなのだ。塾でやっている勉強は1年以上もカリキュラムが先行しているのだから、わざわざ学校の授業を真剣に受ける理由が見つからない。

スポーツも勉強も平均値は落ちているように見えるが、個々のレベルはとてつもなく上がっている。**この状況に、「オール5」を良しとする学校教育が追いついていないだけだ。**

だから、学校教育にいちいち合わせようとしていたら、すべてが平均的なつまらない人間になってしまうことになる。

第2章

子育ては「ハマるもの探し」の旅

子育てを見直す前に、自分自身を見直すべき

子どもにはどんな才能があるのか。どんな道に進めば幸せなのか。それを考えるにあたっては、親が自分自身を見つめ直す必要がある。

子どもが親より勉強ができる確率は50％。鳶が鷹を生んでいれば東大に余裕で合格も可能だが、受験勉強に関しては親以下の可能性もある。

親世代は、子どもの頃から受験勉強しかしてこなかったから、受験の才能にだけ自覚的だが、当然他にもいろいろな才能があるはずだ。仮に受験勉強がダメでも、他の分野に才能があると考えたほうがいい。

過去を振り返って、自分にどんな才能や適正があったのかを知ろうとするべきだ。

改めて考えてみると、子どもの頃から細かい手作業が好きだったとか、絵を描くのが好きだったとか、きっとあるはずだ。

好きだったけど、家庭の事情でチャンスに恵まれなかったということもある。たとえば私は今プラモデルにハマっているが、子どもの頃からプラモデルを作ってきたわ

けではない。当時は、プラモデルを買うお金がなかったからだ。「楽器の演奏にあこがれていたけど、親に反対されてできなかった」「スイミングスクールに通うのが楽しみだったけど、親の転勤の都合で引っ越すタイミングでやめてしまった」といったケースもある。

つまり「本格的にやっていなかったけど、実は才能があった」という分野もあるので、注意深く洗い出さなければならない。

世の中には、自分で自分の才能に気付いていない人がたくさんいる。なんとももったいない話だが、才能にあふれているのに無自覚なまま生きているのだ。

たとえば、知人に恐ろしいくらい絵がうまい専業主婦がいる。ママ友と長電話で会話をしながらその辺の紙に落書きをするようなことがある。そこで描くイラストが、なんとも味があって魅力的なのだ。

でも、本人にしてみたら長電話の片手間に描いた落書きだから、自分の画力が優れているなんて気付いていていない。

今はSNSを通じて、誰もが文章やイラストや歌声やダンス姿などを簡単に発信できる時代なので、以前よりも才能が発掘されやすい環境は整っている。

プロとして活動しないまでも「○○君のパパっておもしろい文章を書くよね」「□□ちゃんのママって、独特でいいイラスト描くよね」なんて評価を受ける機会はたくさんある。

そういうフィードバックを通じて自分の才能を見つめ直すのをお勧めしたい。

もちろん、一番身近で生活している配偶者が才能を見つけ出すこともある。配偶者の強みや特技を夫婦でお互いに探し合うのもよい。

「自分の子どもの頃」を基準に考える

とにかく必死に思い出そうとしない限り、子ども時代のことは思い出せない。世の中のほとんどの大人は、40代にもなると毎日生活をしていくのに精一杯。往々にして、自分が本当に好きだったこと、得意だったことを忘れてしまっている。

たとえば、よくよく思い出してみたら、小学校の頃に学級委員長を3年連続で務めていたという人がいるかもしれない。

今は会社で管理職をしているわけではなく、取り立ててリーダーシップを発揮しているわけではない。そんな人でも、本当はリーダーシップの素質があったかもしれないと考えたほうがいい。子どももその素質を遺伝している可能性が高いと考えたほうがいい。

くれぐれも注意してほしいのが、「今好きなこと」という基準で考えないことだ。健康のためにとジョギングをしたり、ジムに通って体を鍛えたりしている人がいる。もとはと言えば健康のために始めたことが、今では楽しみに変わったというのは、それはそれでいい。ただ、それは「根っから好き」というのとは違うかもしれない。

今の自分がジョギング好きだからといって、子どももジョギングが好きだと思い込まないでほしい。もちろん、ジョギングに連れ出すのはいいし、一緒に楽しめるなら、どんどんやったほうがいい。

けれども、子どもが嫌がるようなら考え直すべきだ。俺って本当はジョギングが根っから大好きなわけではないんだ、と。

重要なのは、あくまでも子どもの頃好きだったかどうか。子どもの頃好きだったことのほうが本来の才能を表している可能性が高い。

子どもの頃に持っていた欲求を素直に思い出してほしい。かつて心地よかった経験を大切にしてほしい。ずっと家にこもって遊びながら育った人は、本質的にインドアの才能がある。今、外に出るのが好きだとしても、だ。私自身もそうだが、インドア派の子は家の中で才能を発揮する。あえて子どもを外に連れ出すのはかわいそうだ。

「今の仕事」と「才能」は切り離して考える

特に注意すべきなのが、大企業に勤務するビジネスマンだ。彼らは自分の好きなことを自覚していない可能性が高い。

というのも、出だしからして彼らは自分の適性に合った仕事に就いているわけではない。政治家は政治家になりたい人がなり、アーティストもアスリートも、自分でベンチャー企業を起こした人も、親から中小企業を事業継承した人も、基本的には自分の意志で道を選んでいる。

けれども、会社員は希望する職種に就ける人ばかりではない。とりわけ大企業は、入社時に好き嫌いや適正を見ないまま「人事部」や「営業部」などに適当に配属してしまう。

アメリカの企業では、こんなデタラメをしていない。日本のように一括採用ではなく、部門別採用をしているからである。アメリカでは、入社する人が希望する部署に配属されるようにできている。

ちなみに全社一括採用をしているのは、日本と韓国の企業くらいである。なぜ韓国なのかというと、日本の一括採用を真似したからである。わざわざダメなところを真似しないほうがいいのに、と思う。

ともあれ、そうやって営業部に配属されて20年もキャリアを積んでくると、向いていなくてもそれなりに営業の実力はついてくる。

本当は心の奥底で「自分に営業は向いていない」と自覚していたはずなのに、そんな声にはフタをしてひたすらがんばってしまう。大企業に勤務していることで享受している恩恵を考えれば、今さら辞めてどうするわけにもいかない。退職金と年金もそこそこ期待できる、子どもも教育費がかかるし、家のローンもあるし……と考えると、もはや自分の適性などどうでもよくなる。

そうやって好きなことを押しつぶしているうちに、「俺って本当は営業が好きだったのかも」などと言い出すようになる。要は、**自分で自分をだまし始めるわけだ。**

本当は会社に飼い慣らされただけなのに、「自分は陽気だし、外交的だし、営業向きだった」などと自分に言い聞かせながら生きていくようになる。

さて、そんな親の子どもに限って、内向的で家にこもって一日中絵を描いていたりする。その姿を見て親は悩む。「自分は20年も営業一筋で社交的な人間なのに、なんでうちの子は内気で細かいことが好きなんだろう。全然似てないじゃないか」と。

私に言わせれば、それはあなたの子どもの頃とそっくりだということ。20年も営業の訓練を受けた結果、自分は社交的な性格だと思い込んでいるだけで、本当の才能は本を読むことや絵を描くことにあったのではないだろうか。

すっかり忘れているかもしれないけれども、今あなたがしている仕事と本来好きだったことは全然別物かもしれない。そこに注意してほしい。

習い事は何でもやらせ、続かないならやめる

本書では、あえて私自身の子育てを押しつけるつもりはない。当時と今では時代が違いすぎる。受験制度も、進路の多様性も、ビジネスも、前提条件がまるで異なって

いる。今後、変化が加速していけば、今の子育ての常識が非常識になる可能性もある。どうして過去の子育てを参照する理由があるだろうか。

第一、私は子育てをしていない。謙遜《けんそん》で言っているのではなく、娘が中学生くらいまで、ほとんど会う機会もなく、週に1度帰宅できればいいほうだった。昔よくあった「あのおじさん誰？」の世界である。

ただ、前述したように、娘に東大に合格するような才能はないと思っていたから、受験勉強はしなくていいと考えていた。受験などしなくても、社会人になりさえすれば必ずなんとかなると思っていた。

妻にただ1つ、指示したことがある。**「習い事をさせてみて、続かなかったらすぐにやめる」**ということだ。

よく「子どもがピアノをやりたがっているけど、どうする？」などと母親が父親に相談したり、家族会議を行ったりする話を耳にするが、我が家に関しては、会議や相談をした経験がない。すべて私が「イエス」というのがわかりきっていたからである。いちいち私に相談する必要がないので、妻と娘で勝手に習い事を始め、嫌になったらやめる、を繰り返していた。

始めてたった3日でも、やりたくないならすぐにやめればいい。これは今でも断言できる。**やりたくない子に無理やり習い事を続けさせるのは、無意味である以上に有害である。**

親の中には、一度始めたものは何でも最後までやり通すべきだと信じ込んでいる人たちがいる。ピアノ教室やサッカースクールに通わせ、子どもがやめたといと言っても、絶対に首を縦に振らないタイプだ。続けさせることで、根性がつくとか、やり抜く力がつくと考えているのだろうが、正気の沙汰とは思えない。

根性で何かを成す物語は、昭和の時代に終わっている。根性論は時代錯誤も甚《はなは》だしい。私自身、平成に入ってから根性だけで成功した人を見たことがない。

根性というのは、「やりたくないことをやる力」とイコールだ。やりたいことをやりきるのと、やりたくないことをがんばるのとでは、どちらが成功確率が高くて、どちらが楽しい人生になるだろうか。答えは決まっている。

やりたくないことをやり抜く力をつけて、やりたくない職業を一生全うする人生の、いったいどこに共感すればいいのだろうか。

根性論が通用したのは、昭和期の、つくれば売れた時代の工場労働の世界だ。今や工場労働は洗練されているから、根性論の入り込む余地すらない。今後、工場にＡＩやロボットが導入されれば、ますます根性とはかけ離れた世界になっていくだろう。

だから、**間違っても子どもに根性など身につけさせないほうがいい**。サッカーでもピアノでも子どもがやめたいと言い出したら、すぐにやめさせればいい。子どもが「やりたくない」と言った時点で、少なくとも「その習い事にのめり込む才能」がなかったのはわかる。だったら、やめて他にのめり込めることを見つけるべきである。

遊んでいるうちにレベルアップする習い事を選ぶ

どの才能が開花するかわからないのだから、いろんな習い事をやってみればいい。

今は習い事を体験するハードルが低くなっている。ほとんどすべての習い事でお試し体験ができるのだから、一つひとつ体験してみるのもいい。

どんな分野でも、**遊んでいるうちに夢中になっている状態**が理想だ。その点、最近の習い事サービスは驚くほど進化している。

私は3年ほど前、サッカー教室を取材したことがあるのだが、教え方が上手いのに感心した。子どものサッカーというとボールに全員が集まってパス回しが成立しないのが相場だが、教室ではボールに子どもたちが集まらないような遊びを取り入れている。遊びとサッカーのスキル向上が連動しているのだ。

進学塾も同じ理屈で子どもに勉強をさせている。中学受験塾は、テストでクラス分けをして、子どもの競争心を絶妙にあおる。進学塾で成績上位の子たちは、ゲームに勝つのと同じような喜びを感じているはずだ。

一方で、成績が下位の子はいつも負けてばかりでつまらなくなるタイプもいれば、そもそも人と競争することに興味を感じないタイプもいる。

そういった子は塾が向いていないから、自宅で遊び感覚で学習できる方法を模索すればいい。受験勉強は、他の習い事より圧倒的にさまざまなメソッドがあるから、片っ端から試してみればいい。

ちなみに私の娘は、受験勉強はもとより、どんな習い事にも見事にハマらなかった。長じて商社に入社し、小麦のトレーディングにのめり込んでいる姿を見て、「好きなのはこれだったのか！」と思った。とにかく、トレーディングは親から見ても異様なくらいののめり込みようだった。

娘について言えば、小学生向けの小麦のトレーディング教室がなかっただけの話であり、あれば確実にハマっていたに違いない。このように、好きなことの受け皿がないケースもあるが、一般的には、いろいろやっているうちに好きなものが見つかる可能性が高いのではないか。

親の顔色をうかがっていないか、注意する

子どもは、親の顔色をうかがって、親が喜ぶことをしようとする傾向がある。だから、好きなことをやらせるときには、よくよく注意してほしい。

親（とくに父親）がよかれと思って子どもをキャンプに連れ出すことがあるが、たいていの子は実際のところ楽しんではいない。本当にキャンプ好きの子はごく一部だ。キャンプはたいてい父親1人が楽しんでいる。ただ、父親が喜んでいると子どもはやっぱり嬉しい。どんな子だって親の喜んでいる顔を見たいので、それなりにがんばる。川に足を入れてはしゃいでいるように見えるが、実際は親に合わせているだけだ。ちょっと言い過ぎかもしれないが、虐待している親に向かって笑って追従しているの

と大差がない。

とくに最悪なのが、親の見栄で習い事をさせるケース。今はさすがに絶滅危惧種だろうが、昔は子どもをピアノ教室に通わせていることを自慢する親がいた。ピアノ教室に行くと母親も喜ぶし、ケーキも買ってもらえるから子どもは一生懸命がんばる。でも、本心は嫌で嫌で仕方がない。

いい子であればあるほど、両親の喜ぶ顔が見たいがために無理を重ねてしまう。そうやって無理を重ねて努力しても、何かに上達することはあり得ない。

お金をかけただけのレベルには達するかもしれないが、それ以上のレベルを目指すのは不可能である。

NHKの『ドキュメント72時間』という番組に、「宮崎　路上ピアノが奏でる音は」というタイトルの放送回があった。宮崎市の街の一角にピアノが一台置かれていて、誰でも自由に弾くことができる。取材班は、ふらりとピアノを弾きにやってきた人たちの人生模様をインタビューしていく。

見ていると、市井の人の中に、こうもピアノがうまい人がたくさんいるという事実にまず驚く。聞けば、家にもピアノがなく、演奏は子どものとき以来という人もいた。

いったいこの人は、子どもの頃どんな思いでピアノ教室に通っていたのだろうと思う。今ピアノに無関係な人生を送っているとしても、ピアノに向き合った日々が楽しい思い出として残っているならいい。ただ、親の笑顔のためだけにピアノを弾いていたのだとしたら、ちょっと切なくなる。

親は子どもの努力を自分の努力であるかのように錯覚しがちである。自分は努力したくない代わりに、子どもに努力を押しつける。そうやって達成した喜びだけを奪い取っているとしたら、子どもは自分の人生を生きていることにはならない。

最初の機会を親が与えるのはいい。ただ、そのときに親は無表情でいるべきだ。**無表情でやらせてみて、ハマっているようなら続けさせればいい。**それこそが、子どもにとって生きる術《すべ》になる可能性がある。

10年続けば、それなりのものになる

とにかく、子ども自身が好きで続けたいものがあれば、本物だ。やってみてハマったとしても、3年後には急にやめてしまうかもしれない。5年後に「二度とやるもん

か」と言い出すかもしれない。これればかりは神のみぞ知る、である。

ただ10年以上続いていたら、それなりのレベルに達しているのではないか。

たとえば10歳でサッカーを始めて、20歳になっても高いモチベーションでサッカーを続けている人は、少なくともチームのレギュラークラスになっている。ピアノだったらお金を取って演奏できるレベルになっているだろうし、絵画だったら個展を開催してもおかしくない。

受験勉強も10年モチベーションを維持できたら、東大に合格しているはずだ。

知り合いの水彩画のセミプロによると、普通の人は同じようなスタイルで100枚も絵を描いていたら飽きてしまうのだという。これに対して、プロは1000枚くらい飽きずに描き続けられるのがすごい、と語っていた。

よく、プロの画家が思いきり画風を変えて、まったく違った作品を描くことがある。これも1000枚近く描いて飽きてしまったからなのだという。「自分の描いている絵に飽きてしまった」と正直に言うわけにもいかないので、「新境地を開拓したい」などと申し開きをしているわけだ。

そういえば、文芸系の編集者も似たような話をしていた。

ある程度才能がある書き手は、1作目をヒットさせることができるのだが、そこから続けるとなると話は別なのだという。問題は10作目ぐらいで、そこまで来るとネタがつきて書けなくなるというより、モチベーションが続かなくて飽きてしまう。

本人は自分が飽きていることを自覚しなくても、集中力が保てないので、だんだん適当に流して書くようになる。だから売れなくなってくる。ひどい書き手だと、2作目からもうダレてしまったのがわかるという。

いずれにせよ、**20作、30作とモチベーションを維持できる人だけがプロ中のプロ**になるので、短編を10本くらい書かせてみないと才能を判断できないというわけだ。

そう考えると、「この道一筋70年」という世界で仕事を続けている漆や切金などの職人はすごいと思う。よく飽きずにできるものである。

私など、経営にハマりすぎた結果、マイクロソフトの社長に飽きてやめたくらいだから、つくづく感心してしまう。

プロになれなくても得るものはある

あなたの子どもが好きなことで絶対に大成できる、などと安易に口にはできない。「素質＋のめり込む能力」が完全にマッチするケースはまれである。音楽家や歌手、作家、画家などの世界でプロになれる人が少ないという事実がそれを証明している。ピアノを10年続けて音大に進学したところで、ピアニストになれるわけではないということくらい、あなただって理解しているはずだ。

プロの世界は、一握りの人しか入れない厳しい世界である。ただし、プロになれなかったとしても好きなことを続けたという事実には意味がある。子どもは好きなことをしているとき、自信を持つことができる。社会に出たとき、どんな職業に就いても自信を持っている人は圧倒的に強い。だから好きなことをとことんやらせるべきだ。

対談

（株式会社 LITALICO 代表取締役社長）

長谷川敦弥 × 成毛眞

変わっている子ほど、これからの時代を生き抜く力を持っている

【プロフィール】

長谷川敦弥（はせがわ・あつみ）

1985 年岐阜県多治見市笠原町生まれ。2008 年名古屋大学理学部卒業。同年、株式会社 LITALICO 入社、2009 年 8 月代表取締役社長就任。

株式会社 LITALICO

働くことに障害のある方への就労支援サービス「LITALICO ワークス」や発達障害の子どもを中心とする未就学児から高校生までのソーシャルスキル＆学習教室「LITALICO ジュニア」、ものづくりに特化した教育を行う IT ×ものづくり教室「LITALICO ワンダー」、子育てに関する情報メディアや発達が気になる子どもを持つ家族向けのポータルサイトを提供するインターネット事業も展開。2017 年 3 月、東証一部上場。

子どもの個性を分析し理解する

成毛　ＬＩＴＡＬＩＣＯさんは、「知っている人はとことん知っている」会社だと思うのですが、初めて知る読者のために、どんな会社なのかお聞かせください。

長谷川　ＬＩＴＡＬＩＣＯは「障害のない社会をつくる」というビジョンのもと、障害のある方の支援を手がけて13年になります。

今、歩くことや学ぶこと、コミュニケーションなどに障害がある人たちがたくさんいます。そういった障害は、実はその人にあるのではなく社会の側にある、と僕たちは考えています。それなら、社会の側がそうした障害を解決するプロダクトやサービスを作ればいい。つまり多様性を活かす能力を身につけることで、障害のない社会が実現するのです。そうすれば障害のある人も幸せになるし、障害がないとされている人も自分らしい生き方ができると思うんです。

たとえば、昔は視力が弱いという困難があったわけですけど、社会にメガネやコンタクトレンズができたことで、その困難が解決されていった。同じように、僕らは、働くことや学ぶこと、コミュニケーションの困難を解決するサービスやプロダクトを作っていこうとしています。

そういった考えのもとで、障害のある方向けの教育、得意な分野を伸ばしていく教育、家族の支援、将来的には就職までワンストップでサポートできるようなサービスを提供しています。

成毛　今、LITALICOのサービスを受けているお子さんってどれくらいいるんですか？

長谷川　お子さんだけで1万人を超えています。今（2018年3月時点）、特に「LITALICOジュニア」については利用定員を設けている教室もあり、空きを待っている子が5000人くらいいます。東京都の待機児童数が8000人～1万人と言われていますが、LITALICOも、それに匹敵するような待機児童問題が起きているんです。

成毛　お子さんの場合、教育を受ける適正年齢もありますし、早めに教育を受けたほうがいいですよね？

長谷川　そうですね。ユニークな個性を発見して、早くその子に合った教育をするに越したことはないと思います。それは障害のあるお子さんに限った話ではありません。

僕らがやっているのは、一人ひとりの個性を分析し、理解することです。たとえば背の低い子に、「高いところのモノをとって」などと言わないように、お子さんの身体的な個性は目に見えるので、その個性に応じて誰もが自然に関わり方を変えています。

でも、脳の違いは可視化されていないのでわかりません。わからないままで、みんな同じように教育してしまっている。それが、とてももったいないことなんです。子どもの個性を分析・理解して、その子の認知の特性に合った教材や教え方を選ぶというのは、障害のあるなしにかかわらず一緒です。

大好きなことをすると親子関係がよくなる

成毛　ＬＩＴＡＬＩＣＯさんでは、ＩＴとものづくりに特化した教室「ＬＩＴＡＬＩＣＯワンダー」を運営されています。この事業はどういった経緯でスタートしたのでしょうか？

長谷川　もともと発達障害のお子さん向けに、その子の認知の特性に合わせて基礎的な学習力を身につけるための「LITALICOジュニア」という教室があります。その中で、発達障害のお子さんはクリエイティブな才能を持っていることが非常に多いと感じており、もっと彼らの長所を伸ばしていけるような教室を作ろうと思ったのがきっかけでした。

ひと言で才能といっても、音楽などのアート系や昆虫マニア、ゲームなどさまざまあるのですが、社会での活躍につながりやすいボリュームゾーンから手がけようということで、ITとものづくりを学ぶ「LITALICOワンダー」を始めました。

5歳くらいからプログラミングの基礎を学んで、自分でゲームやアプリを作っている子もいます。社会の課題を解決するようなロボットを作ろうとする子もいて、今2000人くらいが通っているんです。

成毛　それはすごい。2000人の人生が変わるということですからね。将来プログラマーになるということだけじゃなく、子どもにとって本当に好きなことだけやらせてもらえる場所があるのが素晴らしい。

長谷川　教室に通うお子さんのお母さんから話しかけられたことがあります。「私の息子は中学2年生です。恥ずかしながら私は息子との仲が悪いのです。子どもの頃から短所ばかり指摘してきたから、子どもからの信頼感があまりないんです」と。「でも、このLITALICOワンダーに連れてきて3回目くらいのとき、帰り道で急に『お母さんありがとう。人生でこんなに楽しいことがあるなんて知らなかった。感謝しています』なんて言われました。そんな経験ははじめてだったので涙が出ました」と言うんです。

子どもにとって大好きなことや熱中できるものが見つかったり、それをわかり合える友だちに出会えたりすることって大きいですよね。もっと大きいのは、親子の関係がよくなること。それが一番重要じゃないかなと思うんです。

ゲーム好きが活躍できる舞台をつくろう

成毛　野球やサッカーには、クラブチームやリトルリーグがあって、能力に優れている、あるいは競技が好きな子たちを受け入れる〝受け皿〟が整っています。けれども、プログラミングに代表されるような知的・論理的な才能を伸ばす場に関しては、今まで一切なかったんですよね。それができたということには、歴史的な意義があると言っても過言じゃない。

長谷川　社会にはプログラミングの能力を持つ人が活躍する場があるのに、子どもにそういう場がなかったというのは、考えると不思議ですよね。

僕も学生時代はIT系の会社で働いていたので、ゲームが好きとかマニアックな才能がITの世界で活きることは知っていました。でも、ゲーム好きのマニアックな子たちって、学校では全然注目されていなくて、悲しい思いをしている子も多いんです。

社会全体で見ると今はまだまだ活躍の場が少ないので、そうした子たちがただの「変わり者」になっている。甲子園に出るような球児は活躍の場があるからあこがれの的になっているわけで、活躍の場がなかったら「バットをぶんぶん振り回している変わり者」みたいなことになりかねないわけで……。

成毛　おっしゃる通りです。

長谷川　だから、そうした子どもたちの才能と活躍の場をつなげたいという思いで「LITALICOワンダー」をはじめたんです。これによってゲームを自分で作ったり、アプリを作ったりする子の輝ける場面が生まれつつあります。

学校ではコミュニケーションが苦手だとされているような子が、うちで年1回開催している大会などに出ると、とても格好よくプレゼンテーションをするんです。英語でプレゼンする子もいますし、みんな大人顔負け。親よりもプレゼンが上手いですよ。

成毛　いわゆる「好きこそものの上手なれ」ってやつだ。好きなことを話すのが嬉しくて仕方がないから、話すために英語を覚える、みたいな好循環が起こるわけですね。

長谷川　別にコミュニケーションが嫌いとか苦手とかじゃなくて、伝えたいことがなかっただけなんです。自分が作った作品のことは伝えたいので、そうした機会を得られる場をつくれば、自然とコミュニケーション能力も上がっていくんですね。

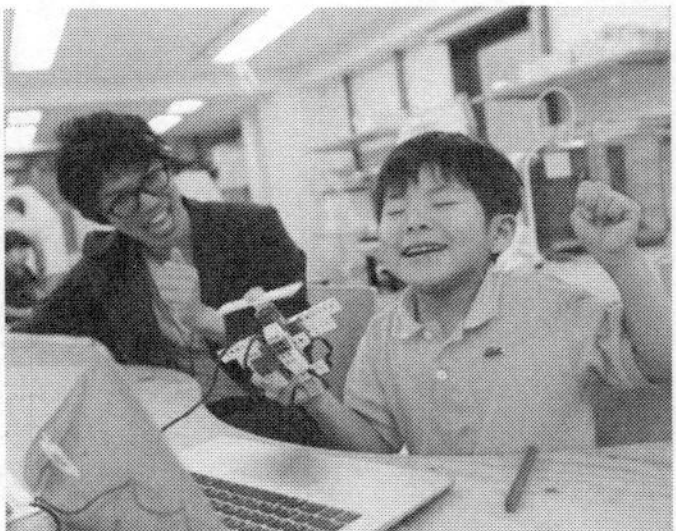

プログラミングで親子関係が対等になる

成毛　教室に通う子は、もともとプログラミングとかロボットが好きな子なんですか？

長谷川　そうですね。うちに来ているお子さんは、みんな基本的にゲームとかメカが好きな子が多いみたいです。

成毛　男女差はありますか？

長谷川　おそらく今、こういったプログラミング教室に通っている子の2割くらいは女の子です。男の子も、以前は外で遊ぶのが嫌いで、部屋にこもって黙々と手を動かすような子が多かったような気がしますが、最近は「昨日はサッカーをやったけど、今日はロボットを作る」みたいな、元気な子がたくさん来るようになっていますね。

成毛　プログラミング言語は、子ども向けのグラフィカルなScratchからはじめて、そのうちアップルの開発ソフトであるXcodeに移行するという感じですよね。

長谷川　そうです。そのほかにもゲーム開発ソフトのUnityなどで3Dゲームをつくっている子もいたりします。

成毛　Xcodeを使えば、最終的にiPhoneアプリが作れるわけだから、下手をしたら親は1〜2年後にはわが子の作ったゲームと知らず、遊んでいるようなことが起きるかもしれない。

長谷川　まさにそうです。お母さんの物忘れが多いから、ToDo（やるべきこと）を確認するためのアプリを作る子も現にいます。
　そうなると、親子の関係性が逆になるんですよね。勉強だったら親のほうがおおむねできるから、親が見てあげるという構図になりますが、プログラミングの場合は子どものほうができるので、子どもが親を助けてあげることになります。親も子どもをリスペクトするので、親子の関係が対等な形になっていくんです。

成毛　「教育＝強制」みたいにとらえて、「勉強ができないから訓練させる」みたいな発想を持つ親もいますが、そうなると親子関係が対等じゃなくなって、それで傷つく子も多そうですね。

長谷川　そうなんです。子どもが親にはない能力を発揮している場面を見ると、親も「この子にはこんな才能があるんだ。こうやって生きていく道があるかもしれない」と気付きます。それまで短所にしか見えてなかったものが長所に見えてくると、「この子の長所を大事にしよう」という子育てにシフトしていくんです。

好きなことの追求で他の能力も伸びる！

成毛　平均的に能力を伸ばしてほしいという社会的な要請もありますし、国語・算数・理科・社会をオール5にしたいと考える親が多いかもしれません。でも、僕はプログラミング能力だけが突出した子が出てきてもいいと思うんです。

長谷川　1つの分野で突出した能力を身につけるのはいいと思います。でも、実際には1つの能力が突出すると、それに引きずられて他の能力も上がっていくことがあるんです。

成毛　なるほど！

長谷川　リハビリの世界では、1つの筋肉が動くようになると、それに引きずられて周囲の筋肉も発達することがあるそうです。それと似たような原理で、先ほどお話ししたように、プログラミングに熱中して作品を作った子が、それを伝えるためにプレゼンのスキルをアップさせることがよくあります。プログラミングでは算数を使うので、結果的に算数の能力が上がることもあります。

成毛　論理的な思考は間違いなく鍛えられますからね。

長谷川　それから、やはり好きなことに打ち込んで自信が身につくと、単純にエネルギッシュに何事にも主体的に取り組もうとするエネルギーが満ちてくるんですよね。「僕はこれができたんだから、これもきっとできるはず」という具合に。他のことにも積極的に取り組むようになるので、結果的に全体の底上げがされるのを多くの子に共通して感じています。

成毛　「数学の難問を解け」と言われると大変だけど、プログラミングはイチからコツコツ書いていけばそんなに難しくないし、その割には達成感が結構得られます。むしろ国語、算数、理科、社会の勉強で得られる達成感より大きいですよね。

長谷川　そうなんです。しかも、与えられて取り組むのではなく、与える側になれるというのもいいですね。LITALICOワンダーの先生たちも、あえてすべてを教えずに、子どもたちが作りたいものを「おもしろいね！」「どうやって作るの？」などとサポートしています。ゲームのルールを決めるのは子ども自身であり、子どもが作ったゲームで先生が遊んでいるんです。

成毛　とはいえ、先生たちも十分プログラミングのスキルを持っているわけですよね。

長谷川　そうなんですが、場合によっては子どものほうができることもあります。

成毛　サッカーでも、コーチより子どものほうがリフティングが上手いというのはよく聞きます。それと似ていますね。

変わっている子が得をする時代がやってきた

成毛　これからは、極端に変わっている子が損をしない、むしろ得をする時代になっていくと思います。

長谷川　昔から、大活躍してる人はおおむね極端なタイプだったと思いますが、今は極端な人が成功する確率が上がっています。やはりインターネットの影響は非常に大きいですよね。YouTuberみたいに、個性を表現して支持を集めている人がいます。たぶんネットがなかったら、僕が育ったような人口1万人規模の町でユニークな表現をしても、ただの変人で終わっていたはず。でも、全世界にネットで発信すれば、「オモシロイ!」と受け止めてくれる人に出会ってしまうわけです。

成毛　昔は絶対になかったことですからね。

長谷川　僕自身、YouTuberの動画を見ても、正直なところ何がおもしろいのかよくわからないことが多いです。でも、何百万回も再生されていること自体は素晴らしいな、と思うんです。それをおもしろいと感じている人が何百万人もいるということですから。

成毛　インターネットが発達したことで、すごく変わった子が目立ちやすくなったのかもしれません。

長谷川　社会の多様なニーズと多様な個人の生き方が上手く結びついたときに、経済的な価値になるんですけど、そのマッチングが非常に効率的に図れるようになっていると思います。あと、そういうオリジナリティを持った人たちは、成毛さんがおっしゃる通り、目立ちやすいですし競争がないですよね。

成毛　そうそう。マイクロソフトにいたころ、アメリカの本社に行くと、1980年代によくあそこまで集めたなと感心してしまうくらい変人だらけだったんですよ。そ

のうちの1人の部屋に入ったら、壁一面が窓ごと全部真っ黒で、テーブルも冷蔵庫も真っ黒。本人も髪と髭を黒にして、全身黒ずくめの格好をして、サングラスまでしているんですよ。で、コンピューターのモニターと、その隣に大きな水晶玉が置いてある（笑）。そんな人がいっぱいいましたからね。

長谷川　（笑）

成毛　そのときにつくづく思いましたね。アメリカの会社には、こういう変人でも力のある人間がちゃんと発見されて、働く場所が与えられている。日本ではとてもじゃないけどこうはいかない。ＩＴではアメリカに逆立ちしても勝てるわけがないな、と。

そういう意味では２０１０年代になって少し追いついてきたのかもしれません。ようやく「変な人って、もしかしてすごいかも」って言われるようになってきました。

長谷川　明らかに変わった人は、逆に周りからの支援を受けやすいですよね。人って、常にお互いの関係の中で、どっちにアダプトするかという主導権の取り合いをしているじゃないですか。で、一方が突出して変わっていると、「あー、これはもう受け入れるしかない」みたいな感じになる。

成毛　あるある。僕の周りにも、寡黙なんだけど、たまに口にするひと言が〝ドストライク〟みたいな人がいる。結局みんな彼に合わせちゃうんですよね。そういう意味では、思いっきり変わったほうが得ですね。

子ども自らが幸せの尺度を見つける

成毛　最近、僕はマイルドヤンキーが幸せなんじゃないかと思っているんです。だって自分の街から外に出ないで、仲間内で楽しく酎ハイを飲めればいい、って幸せじゃないですか。そういうマイルドヤンキーたちがシニアマイルドヤンキーになって、最近は自家菜園にハマっている人たちが増えてきたんですってね。これはこれで突出しているし、幸せな生き方ですよね。

長谷川　いいですね。

成毛　人の幸せの基準って、ここ5年ぐらいで相当変わったんじゃないでしょうか。昭和の時代から2000年代くらいまでは、「いい大学に入って、いい会社に入って、そこそこの給料をもらって、子どもを育てて、大過なく老後を迎える」というのがほぼ全員の目的だった。でも、最近そうじゃないかもしれないとみんなが気付きはじめてますよね。
幸せそうなシニアマイルドヤンキーを見ていると、むしろ受験なんかやめたほうがいいと言いたくなります。親として、幸せの尺度が変わりはじめたという事実を子どもに教えるべき時期にきているのかもしれない。

長谷川 本来は幸せの尺度自体を自分で発見していく能力を身につける必要があります。でも、現状では与えられた尺度で幸せを感じなきゃいけないし、がんばらなきゃいけないことになっているのが問題です。就活生にも「自分の幸せがよくわからない」みたいな人がいるんです。

成毛 わかるわかる。

長谷川 やっぱり、小さい頃から自分の感覚と向き合うための時間が必要です。でも、学校では自分の感覚を消したほうが幸せなんです。先生が求めている答えを出して褒められることを喜ぶ感覚にシフトしたほうが、学校では幸せに生きていけるから。
これって、子どもなりの防衛本能だと思うんです。子どもはその場で幸せになりたいという防衛本能を働かせるので、違和感を持ったり、本当はやりたいことがあったりしても消そうとしてしまう。

成毛　子どもって、そういう意味では柔軟ですもんね。柔軟に対応できるからこそ「幸せはこれしかないよ」って言われたら、その幸せを追い求めてしまうわけですね。

長谷川　でも、いざ社会に出てみて、学校と同じ環境なのかと思ったら、全然違うんです。「あれ、今までと違うぞ」ということになって、混乱が起きてしまう。

人は自分らしくしか生きられない

長谷川　今の時代、普通だと思われている人たちのほうが損をしている可能性があります。普通の人が、学校や他人に過剰に適応しすぎた結果、自分らしさや自分の幸せを見失ってしまうのはもったいない。実はそういった人たちのほうが潜在的な課題を抱えていると思いますね。

成毛　適応できてしまうがゆえにつらい人生を送るというわけですね。とくに成績のいい子は、ある種の柔軟性があって適応できてしまう。でも、それを小学校からずっとやり続けていくと、大人になったときにもう取り返しがつかない。

長谷川　日本の学校教育の中だと、短期的には適応できる子が幸せに見えるけど、長い目で見たらやっぱり不幸ですよね。

成毛　僕くらいの年になると「昔はあんなにできたのに」って人がいるんです。東大法学部を卒業して、性格も頭もよくて実績もあるんだけど、全然目立たないし、何より本人が楽しくなさそうなんですよね。まったく生き生きしていない。

長谷川　障害者の就職支援をやってきてつくづく感じるのは、「結局、人って自分らしくしか生きられない」ということです。就職には2パターンがあります。1つは自分の疾患や本音を開示して自分らしい働き方を獲得するための就職で、もう1つが自分らしさを隠して会社に適応するための就職です。

両者の就職後の定着率を比較すると、前者のほうが2～3倍近く定着率が高いんです。自分らしさをオープンにしないと、結局仕事が続かないんですよね。だったら、最初から自分らしい生き方でチャレンジしたほうがいいに決まっている。どう矯正しようが、親が願望を持とうが、子どもは自分らしくしか生きられないし、そのままでしか伸びないんです。

成毛　変えようと思っても、つらいだけです。

長谷川　たとえば、どこの企業にもずっと採用されてこなかった人が、はじめて採用通知をもらったら、やっぱり嬉しいんですよ。それはそれで大事なことなんですけど、「本当にその仕事をやりたいのか」という問いを置き去りにして、嬉しさのあまり適応しようとする。で、本当は働き方を変えたいと思っていても、我慢するばかりで全然主張しようとしない。最終的に無理がたたってメンタル疾患になる、みたいなサイクルを繰り返すわけです。

自分らしい生き方を大事にして、自分で道を切り拓いていくことはわがままじゃない。それは社会にとっても重要で誇るべきことなんだと、もっと伝えていきたいですね。

AIを「使う子」に育つか、「使われる子」に育つか

成毛　学校の先生や親の中には、いまだに昭和的な子育てから抜け出せない人が多いと思うんです。そういう大人に向けて、LITALICOの現場目線でアドバイスをいただけますでしょうか。

長谷川　多様な活躍の仕方がすでに現実社会に出てきているし、今後もっと多様化し

ていくのはゆるぎない事実だと思います。それに対して、僕は学校こそが最も特殊な世界だと思っています。僕自身、「学校で適応できない子どもは駄目になる」って教えられてきましたけど、まったくそんなことはなかったですから。

マイクロソフトの社長をやってた成毛さんが不適応な人だったなんて、こんなに希望のあることってないですよね。でも、やっぱり冗談だと思っている人が結構いるんです。「そうは言うけど、それなりに優等生で、バランスもあったんじゃないの？」と。

成毛　全然そんなことないですよ。

長谷川　確かに昔は、かなり変わっている人の中で運よく環境に恵まれたり、いい先生に出会ったりした一部の人だけが成功できたのかもしれません。でも、インターネットの広がりによって、そういう人の割合が確実に増えてきているという事実に気付いていただきたいです。親御さんの中でも、とくにお母さんがお子さんの教育に大きな影響を与えている家庭が多いと思いますが、お母さん自身が多様な活躍の仕方をご存じないケースが多い。

成毛　そこが問題ですね。

長谷川　親自身が狭い世界しか知らないと、「このコースじゃなきゃダメ」となってしまう。けれども、変わった人が活躍している例をたくさん知っていると、寛容でいられるじゃないですか。だから、親御さんが多様な活躍の実感をちゃんと持つことが非常に重要だと思いますね。

成毛　とくに専業主婦のお母さんは、社会から一度切り離されることもあるので、現実に疎い側面があるかもしれません。お父さんでも代々公務員のような人は、突出するという発想に拒否感を持つと思います。ところが、親御さんの1人でもベンチャー出身者がいたとたんに、「変な人しか勝てない」みたいなことを言い出すわけです。

そうなると、ちょっとやそっとでは埋まらないくらいに、子どもの意識にも差が出てくる可能性があります。一方の家庭では人や組織に使われる子が再生産されて、一方ではどんどん突出した子が再生産されていく。突出した人以外は、ＡＩ（人工知能）に機械のように扱われる時代がやってきてもおかしくない。

長谷川　先日も、中学校で講演したときに「これから変わった人が活躍できる時代だから、変わっている個性に誇りを持ったほうがいい」と話したら、ある生徒が「学校ではそう習わなかった」と言うんです。「世界に比べたら学校なんて部屋に落ちている髪の毛1本みたいなものだから、先生や友だちを大事にするのもいいけど、合わなかったら無理しなくていい。だって、世界には70億人もいるんだから。たまたま今一緒にいるクラスメイトや先生に好かれるよりも、70億人の中から自分を好きだと言ってくれる人を探す努力をすればいい」と。

成毛　そうそう！

長谷川　たとえばYouTuberって、ファンが10万人くらいいたら生計が立てられるそうです。それって、10万人には好かれてるけど、それ以外のほとんどの人には「何やっているんだ？」と思われたり、無視されたりしているわけじゃないですか。だから、ここから学ぶべきことは、99％の人から嫌われても、1％の人から好かれたらOKということなんです。

成毛　僕も昔から、99人から嫌われてもいいけど、1人だけは僕を愛して欲しいっていうタイプでしたね。全世界で1％から好かれたら7000万人？　1人1ドルずつ取ったら7000万ドルになる。

長谷川　もう大金持ちですもんね。子どもにそういう話をすると、みんな喜んで元気になるんです。

いろいろなチャンスを与えてほしい

成毛　プログラミングでも習い事でも、やってみて嫌だったり合わなかったりしたら、別のことをすればいいだけだと思うんです。

長谷川　まったく同感です。「やりだしたら続けなきゃいけない」みたいな考えって、誰のための呪いなんだよと。その呪いで誰か幸せになるの？って問い詰めたいです。

成毛　昔はピアノ教室に無理やり、子どもを引っ張って行くケースってありましたけど、誰一人としてプロのピアニストになっていない。ピアノ以外にもいろんなことをやってみないと、どれが好きなのか、何が向いているのかもわからないですもんね。

長谷川　自分がどういう人間なのか、自分にとって何が幸せなのかは、体験してみないとわからないですよね。いろいろ体験する中で「これはおもしろかった」「これは嫌だった」みたいにわかってくるものです。自分にとっての幸せがわかると、それを実現するためのスキルを求めようとするので、主体的に生きていけます。

主体的に生きたいとか、ワクワクすることを求める感覚は、誰もが子どもの頃から持っているはずなんです。

成毛　よくわかります。僕もこの年になってからプラモデルをつくるようになったもんな。子どもの頃は、お金がなくて買えなかったんです。子どもの頃「これをやりたかった」という記憶って、結構残っていますよね。僕の場合は、それがプラモデルだったという話で、きっとみんなそういうのがあると思う。

長谷川　本当にそうですよね。

成毛　最近、タップダンスをはじめたという同世代の人に会いました。ビートたけしさんがテレビでタップダンスをやっているのを見て、「俺は子どものころ、これをやりたかったんだ！」と思い出したそうです。彼が子どものころにタップダンスをはじめていたら、まったく別の人生を送っていたかもしれません。

その意味では、プログラミングとかロボットといった新しいメニューがある今の子は幸せだと思います。ＬＩＴＡＬＩＣＯワンダーのように新しいメニューを提供する場が増えるとよいですね。

第3章

もはや「東大出身」は武器にならない

高学歴の親こそ、子の才能を潰しやすい

私が創業した株式会社インスパイアには、マニアックな興味を究めた子を持つ1人の親がいる。中学受験もして、東大進学も可能な学校に進学したにもかかわらず、爬虫類にハマって、まったく学校の勉強をしなくなったという。

その爬虫類マニアの子がまだ小さかった頃、鉄道模型（Nゲージ）のセットが余っていたから、私から1つプレゼントしたことがある。もらったときは嬉しそうにしていたが、家に帰ってから指一本触れようとしなかったとの後日談を聞いた。とにかく興味がはっきりしている。

親も、東大進学をあきらめ、「お前の好きにすればいい」と言い渡している。その子は、私から見ても、すでにいっぱしの爬虫類学者である。私が本物の学者と引き会わせているのだが、世代の差をものともせず、あっという間に意気投合している。これは特殊な例であり、1万人に1人級の才能だろう。

爬虫類マニアの彼は特別幸せなケースであって、実は類いまれな才能を持ちながら、

その才能を親に気付いてもらえず不幸になる子どもがいっぱいいると思う。

とくに父親が東大卒で、母親が医者の娘のような典型的なエリート家庭に、そういった悲劇が起こりがちだ。

高学歴の親は、なまじ自分の学歴にプライドを持っているから、偏差値の高い大学に固執する。親の偏差値を考えれば、子どももある程度受験の能力はある。だから、子どもが興味のあることにハマっているうちは温かく見守っているものの、いよいよハマりすぎて受験勉強を放り出そうとすると、全力で阻止する。

興味をつぶされた子は、正解のある問題しか解けなくなり、社会に出たら使い物にならなくなる。

親は子どもの才能をつぶす元凶中の元凶である。とりわけ高学歴の親こそ危ない。

高学歴の親は気をつけなければならない。

「幸せ」になれるのは、高学歴よりマイルドヤンキー

中途半端に高学歴でストレスの多い仕事に甘んじたり、「使えない人材」になった

りするくらいなら、いっそマイルドヤンキーのほうがよっぽど幸せではないか。つくづくそう思うことがある。

冷静に考えれば、地元で友人たちと毎週つるんで缶チューハイを飲み、バーベキューをしているマイルドヤンキーの生活が楽しそうに見える。

私が卒業した札幌西高校は、北海道では有数の進学校であり、同窓生の多くは東京など都会の大学に進み、都会の大企業で会社勤めをした。

だが、地元に残った者もいる。そういう選択をした人は、上昇志向はあまりなく、収入も多いとは言えない。でも、なぜか彼らは楽しそうなのだ。彼らのFacebookを見ていると、「日曜日にカヌーを漕いできた」とか「ジンギスカンを食べてきた」といった記事を嬉々として投稿している。北海道でもあるため写真に映る景色は実にすがすがしく、思わず見入ってしまう。

見ているうちに「あれ？　ちょっと待てよ」と思えてくる。なんだか羨ましい。ちょっと嫉妬心を感じてしまうくらいに、彼らは幸せそうなのだ。

手作りの食べ物をみんなで持ち寄ってバーベキューを楽しむ。都会のワンコイン定食よりもはるかに安上がりで、はるかに贅沢そうな食事がそこにはある。

結局、幸せなど人それぞれである。

とはいっても、本書の読者は子どもをマイルドヤンキーに育てようとは思っていないかもしれない。しかし、敷かれたレール、大企業のサラリーマンこそが正解だという幻想にしがみつく時代は終わっている。

「ポンコツ系」になると、東大生でも使えない

もはや「東大卒」の肩書きは通用しない時代である。

一時期、内定ゼロの東大生が増えていると問題になったことがある。今は内定辞退者も続出する状況だから多少は改善されたのだろうが、「大企業に行きたいけど箸にも棒にもかからない」という東大生は数十人単位で存在するはずだ。いわゆる「ポンコツ系」というやつである。

ポンコツ系に共通するのは、親から無理やりガリ勉を強いられて、なんとか東大に引っかかったという点だ。彼らが人生で一番輝いていたのは、18歳の大学受験の日。勉強にモチベーションがなく、大学4年間を漫然と過ごすから、卒業するころには唯

一の拠り所だった学力さえも失ってしまう。

だから、東大卒のポンコツ系は圧倒的に頭が悪い。

性格に難があるとか、コミュニケーション能力が低いとか、自尊心が高すぎるとか、協調性がないとか、いろいろ言われる以前に、**単純に頭が悪すぎる。**

受験で点数を取る才能は優れていたかもしれないが、基本的な地頭がすっぽりと欠落している。人生において自分で興味を持って勉強したことは一度もなく、教科書とテストにしか向き合っていなかったから、この体たらくなのだろう。

そもそも受験で身につけた学力は、勉強をやめたとたんにきれいさっぱり忘れ去られてしまう類の力である。早慶大卒など、一般に「高学歴」とされる人が多い出版界の人たちを見ているとよくわかる。特に慶大の経済学部や商学部に数学を選択して受験した人は、受験時に微分積分は理解していたはずだ。それなのに、40歳をすぎて微積分の計算ができる人を一人として見たことがない。

微積分どころか、因数分解の計算もできない。全部忘れて勉強する前のまっさらな状態に戻ってしまっている。

受験勉強は単なる能力検定試験でしかない。司法試験と大学の受験を同じイメージで捉えている人は多いが、両者は別物である。司法試験は能力試験ではなく、法律家になるための知識を有しているかをチェックし、かつそれを法律家である限り維持することを求めている。法知識のない弁護士など仕事にならないのだから、当然といえば当然である。

だが、受験勉強は違う。受験が終わったら専攻する分野以外の知識はすべて忘れていいことになっている。だから、文系の人はきれいさっぱり数学を忘れる。彼らに数学の才能があるとは到底思えないし、そもそも数学の才能を受験勉強で測るのは不可能だ。

いずれにせよ、頭の悪い「東大卒」という肩書きを持つだけの人間を、どうして採用する理由があるだろうか。

「受験勉強だけ」の人間は、社会から取り残される

もちろん、東大卒には、ポンコツ系だけではなく、本当に賢い人間が存在する。

ただ、本当に賢い東大卒は普通の民間企業にはやってこない。彼らはそもそも卒業

後に向かう世界が違う。

東大卒のおおよそ3割は、司法試験に合格して法曹界に行ったり、留学して研究者の道を進んだり、中央官庁に採用されたり、戦略コンサルティング企業に入社したりするだろう。民間企業には残りの7割しか回ってこないから、使える人材の割合が10人に1人くらいになってしまう。

だから、東大に合格さえすれば人生が安泰などという幻想を抱くべきではない。むしろ、**ガリ勉をさせて無理やり東大に進ませてしまうと、答えのある問題にしか興味を持てない歪んだ人格を形成しかねない**。

「自分はそもそも何に興味があるのか」

「新しいことに対してどう興味を持って接すればいいのか」

「答えがない問題にどう答えを出せばいいのか」

こういった、大人として生きていく上で避けて通れない訓練を一切しないまま社会に出る人間の悲劇を想像してほしい。そんな東大卒が企業から温かく迎え入れてもらえると考えるほうがどうかしている。

早慶上智卒にも2割くらいは、そんなポンコツ系が潜伏している。ガリ勉して同じポンコツ系になるのだったら、せめて東大に行っておけばいいのに、と思う。

それはともかく、今の時代、周囲を見渡せば答えの出ない問題が山積している。新しいサービスが次々と生まれ、国際情勢はめまぐるしく動いている。少し考えれば、「すでにある答え」を学んだだけの人間が割って入れないのはわかりきっている。

特に、新しい技術に目を向けていない人は、徹底的に取り残される。たとえば電子決済技術について知らない人が、ビットコインが登場したときに反応できたはずがない。同じようなことが、これから何度も何度も繰り返されるだろう。

大学の勉強は、キャリア形成の役に立たない

そもそも私は、大学の勉強には意味がないと考えている。研究者になるなら大学で学ばなければどうにもならないだろうが、社会で必要な基礎学力は高校で身につければ十分である。

一般的なビジネスマンになるにあたって、大学で学んだことの何が役立つのだろうか。バラバラな業界・職種の人を100人集めたとしても、大学で学んだことを活か

している人なんて1人もいないはずだ。断言してもいい。

中でも、法学部の地位は続落の一途をたどっている。

法学は、既存の法律を学ぶ学問であり、立法する学問ではない。立法を学ぶなら政治学部だろう。誤解を恐れずにいえば、法学は今ある法律を覚えて使うだけの話だ。だから、**法学部出身者は時代の変化についていけなくなっている。**企業の人事担当者に会うと、しばしばそういう話を口にする。

昔に比べれば、学ぶべき技術が複雑になっている。かつてはエンジンの仕組みを覚えればなんとかなったが、今はそういうわけにはいかない。ただ、一般的な大学ではそこまで複雑な技術を教えられないから、あえて大学で学ばなくていいという理屈になるわけだ。

「日本の大学では勉強しないが、アメリカなら真面目に勉強するから意味がある」

これもよく聞く話だが、結局のところ大同小異である。ハーバード大学も含めて、本当に時間のムダだと思う。

ＭＢＡを取得するために休職してまでアメリカに行こうとするのも、正直なところ理解に苦しむ。私がマイクロソフトにいた時代、ビル・ゲイツも同じことを口にしていた。日本マイクロソフトの開発部門のトップが、スタンフォード大でＭＢＡを取得したいと言い出したときのことである。

当の本人は東大の工学部を卒業して、新日鉄を経てマイクロソフトの開発トップになるという立派なキャリアの持ち主だった。今さら学歴に箔を付けるでもないだろうにと思っていたら、やはり、それを知ったビルが怒り出した。

「君は2年も学校に行くつもりか？　君が仕事できる期間なんてたった60年しかないのに、そのうちの貴重な2年をドブに捨てるようなものだ。うちで仕事をしていればもっと新しい技術にも触れることができるのに、大学でわざわざ昔の技術を学んでどうする？　まったく信じられないあきれた話だ！」

今、回想してみても、いちいちもっともな言い分だ。最終的に、ビルは彼を説得できなかったわけだが……。

行く価値があるのは、資格につながる大学だけ

ビル自身、ハーバードを休学して、そのままビジネスの世界に入っている。大学の

一端に触れて、心底無意味だと感じたのだろう。でなければ、あれほど他人にまで大学はムダだと強調するわけがない。直接問いただしたわけではないが、ビルは、大学を卒業した人より中退した人のほうが賢いと思っていた節がある。

実際のところ、日本マイクロソフトでもポスドク（博士課程修了者）を2～3人採用した経験があるのだが、まったく戦力にならずに1～2年で全員が辞めてしまったという過去がある。

私が思うに、MBAや大学院にこだわる人たちは、世の中に学位以上に面白くて大事なことがあるという事実にまるで気付いていない。時代が変われば学位など紙くず同然になるという想像力が著しく欠如している。起業するなり、大企業で働いてのし上がるなり、ルートが1つではないという状況に腹立たしいくらいに無頓着なのである。

考えてもみてほしい。アーティストになるのに大学卒の肩書きなどいらないし、東京芸大を卒業したからといってプロの絵描きになれる人物なんて一握りしかいない。

音大で楽器を演奏するようなヒマがあったら、ドイツやアメリカでバイトをしながらプロの演奏家を目指したほうが可能性があるというものだ。

医師になるとか教師になるというのなら大学に行くのはわかるが、そういった**資格に直結しない分野を大学で学ぶのは無意味だ。**

とはいえ、高卒だと社会的なバイアスがかかるというのもまた事実である。だから、高卒よりは大卒のほうが損は少ないだろう。逆にいえば、ただそれだけのことである。

親世代に馴染みがない人気校にも注目しよう

仮に子どもを大学に進学させるにしても、「いい大学」の基準はあまりに変わってしまっていて、戸惑う親世代も多いことだろう。

その点、あなたが学生時代のころは、まだわかりやすかったはずだ。

国立大は、東京一工（東大、京大、一橋大、東京工業大学）といった頂点があり、東大・京大以外の旧帝大（大阪大学、名古屋大学、東北大学、九州大学、北海道大学）が続くというヒエラルキーが厳然としていた。

私立大も早慶上智といった難関3大学を筆頭に、ＭＡＲＣＨ（明治大学、青山学院大学、立教大学、中央大学、法政大学）、関関同立（関西学院大学、関西大学、同志社大学、立命館大学）といった学校群がブランドとされていた。

ところが、今は親世代になじみのない秋田国際教養大、立命館アジア太平洋大学（APU）といった大学に人気が集まっている。

ふと気付くと、あれだけもてはやされていた慶應の湘南藤沢キャンパス（通称：SFC。総合政策学部・環境情報学部などで知られる）が見る影もないくらいに低迷し、いつの間にか国際基督教大学（ICU）のブランドが急上昇している。

早稲田は早稲田で、一昔前と比較して人気学部はガラリと変化している。かつては政治経済学部が花形だったが、今の高校生には国際教養学部の人気が高くなっている。

高校（男子）も、昔は「御三家」呼ばれる開成・麻布・武蔵が不動の地位を築いてきたが、それ以外にも躍進する人気校が現れてきている。

「女子御三家」とは、桜蔭、女子学院、雙葉の3校を指しているが、「新御三家」と呼ばれる豊島岡女子学園・鷗友学園女子、吉祥女子の切り崩しに遭い、勢力図は激変している。以前なら見向きもされなかった都立高、たとえば東京都立国際高校などの評価が高い。

こうした動きについていけず、「東大に行ければベスト。それは無理でも早慶クラス、でなければＭＡＲＣＨで御の字」という固定観念にとらわれていると、足下をすくわれかねない。

大学に行かずに成功した経営者も増えている

私がこれまで採用面接を行ってきた経験から言う。あくまでも感覚値だから統計的な比率ではないことを踏まえた上で聞いてほしい。

東大・京大卒を面接すると、10人に1人くらいの割合でよさそうな人材がいる。入社してからも使える人材も10人に1人はいる。

早慶上智になると、20人に1人くらいは使える。

ＭＡＲＣＨ（明治大学、青山学院大学、立教大学、中央大学、法政大学）の場合は、50人に1人で、日東駒専（日本大学、東洋大学、駒沢大学、専修大学）になると500人に1人くらいだろうか。

ただし、使える人材だけを集めたら、東大卒も駒澤大卒も力量にまったく違いがないことだけはハッキリしている。でなければ、今伸びているベンチャー企業は東大卒で占められているはずだが、**現実にはさまざまな経歴の人物が活躍している。**

それを確認するために、現在活躍している経営者の学歴を見てみよう。

ソフトバンクの孫正義会長は日本の高校を中退して渡米し、カリフォルニア大学バークレー校を卒業している。楽天の三木谷浩史社長は一橋大学卒（その後ハーバードでMBA）。ユニクロの柳井正社長、そしてメルカリを創業した山田進太郎氏は共に早稲田大学卒。

いちいち挙げていくとキリがないが、この辺りはオーソドックスな学歴エリートの経営者たちだ。

これに対し、受験勉強から早々に離脱し、そこから経営者としてのし上がっていく人物もいる。代表格の一人がZOZOTOWNを運営するスタートトゥデイを創業した前澤友作社長。前澤氏は、中学時代からバンド活動を始め、メジャーデビューした経歴の持ち主である。

インタビューによると、彼は子どもの頃から人と競争するのが大嫌いで、運動会の徒競走も真面目に走らなかったと答えている。塾にも通っていたものの、親が喜ぶから行っていただけで、勉強にも身が入らなかったという。進学校である早稲田実業高校に進んでいるから、素質としての頭は良かったはずだが、受験勉強にのめり込むタイプではなかったのだろう。そこから大学には進学せずに、起業し、経営者として大成している。

面白いことに、彼は社内でも無駄な競争はしないと語っている。全社員基本給は一律で、ボーナスも全員同じ。いい時はみんなで分け合い、悪い時は共同責任というスタンスを取っている。子どもの頃からの競争嫌いの片鱗がうかがえるエピソードではないか。

他にはバルミューダの寺尾玄社長なども興味深い。寺尾氏は17歳で高校を中退。地中海を放浪する旅に出ている。よほど学校が退屈だったのだろう。

帰国後は、音楽活動に入れ込んでいたが（この辺りは前澤氏とよく似ている）、2001年にものづくりの道に目覚め、独学や工場への飛び込みなどを通じて技術を取得していった。2003年に家電メーカーのバルミューダデザイン（現バルミューダ）を設立。扇風機やトースターなどオンリーワンの製品で絶大な支持を集めている。

起業に学歴は関係ない。というより、むしろ大学に行かなかったからこそ、起業家になれた人も確実に存在する。

政治家と学歴の関係

政治家も学歴とは無関係のジャンルだと思う。政治家こそ、本当に頭が良くて力量がなければ務まらない実力本位の職業だ。その意味でベンチャー企業の経営者と政治家はよく似ている。

まず、あれだけ長期政権を維持できる安倍総理は、頭がいいと断言できる。安倍総理は、小学校からエスカレーター式に成蹊大学に進学している。つまり、大学受験をしていないながらも、地頭がいい。第4次安倍内閣の全閣僚について、それぞれ学歴をピックアップしてみる（2018年4月末現在）。

- 安倍晋三内閣総理大臣（成蹊大学法学部卒）
- 麻生太郎副総理・財務大臣（学習院大学政経学部卒）
- 野田聖子総務大臣（上智大学外国語学部卒）
- 上川陽子法務大臣（東京大学教養学部卒）
- 河野太郎外務大臣（米国ジョージタウン大学卒）

・林芳正文部科学大臣（東京大学法学部卒、ハーバード大学ケネディスクール行政大学院卒業）
・加藤勝信厚生労働大臣（東京大学経済学部卒）
・斎藤健農林水産大臣（東京大学経済学部卒、ハーバード大学ケネディスクール行政大学院卒業）
・世耕弘成経済産業大臣（早稲田大学政治経済学部卒、ボストン大学コミュニケーション学部修士課程卒業）
・石井啓一国土交通大臣（東京大学工学部卒）
・中川雅治環境大臣、内閣府特命担当大臣（東京大学法学部卒）
・小野寺五典防衛大臣（東京水産大学水産学部卒、東京大学大学院法学政治学研究科修士課程修了）
・菅義偉内閣官房長官（法政大学法学部卒）
・吉野正芳復興大臣（早稲田大学第一商学部卒）
・小此木八郎国家公安委員会委員長（玉川大学文学部卒）
・江﨑鐵磨内閣府特命担当大臣（立教大学文学部卒）

- 松山政司一億総活躍担当大臣、ＩＴ政策担当大臣、内閣府特命担当大臣（明治大学商学部卒）
- 茂木敏充経済再生担当大臣、内閣府特命担当大臣（東京大学卒、ハーバード大学ケネディスクール行政大学院卒業）
- 梶山弘志内閣府特命担当大臣（日本大学法学部卒）
- 鈴木俊一東京オリンピック競技大会・東京パラリンピック競技大会担当大臣（早稲田大学教育学部卒）

受験の出来で政治家の能力が決まるのだったら、東大が大半を占めても不思議はないが、現実に東大出身者は20名中7人。

私が子どもの頃と比べれば、東大率は低くなっている。少なくとも、事務次官の東大法学部率と比較したら、政治の世界は圧倒的に東大以外に出世の余地がある。

東大以外の学歴でも、閣僚ともなれば頭のいい人がそろっている。官僚だって相当賢い人が多いが、有能な政治家は官僚以上に賢い。官僚から「やっぱりこの人は自分よりすごい」と思われない限り、政治家は力を持ち得ないからだ。

一方、暴言報道で議席を失った豊田真由子氏や、不倫スキャンダルを起こした山尾志桜里氏などは、誰がどう見ても頭が悪い。ハーバードに留学したり、司法試験に合格したりと、受験勉強においては賢いのかもしれないが、政治家としての行動に致命的なまでに知性が欠けている。

マルチカルチャーな大学は強い

さて、今の自分なら、どんな大学の卒業生を採用するだろう。

かつて注目の的だった慶應のSFCには魅力を感じない。もちろんSFCの出身者に活躍している人がいるのは知っている。グリーの青柳直樹氏、COOKPADの佐野陽光氏、フローレンスの駒崎弘樹氏、社会学者の古市憲寿氏など、社会起業家が多い印象もある。

ただ、10年近く前から企業の人事部では「SFC出身者が使えない」というのが定説になっている。うまく言えないが、鼻っ柱の強さに能力が伴っていない。

マイクロソフトの社長時代からICUの卒業生は積極的に採用していた。今でもICUには食指が動く。

秋田国際教養大などもいい。今、インスパイアに東大法学部卒が志望してきたら、3人面接して1人の割合で採用するだろう。東京都立国際高校と秋田国際教養大学を卒業した人なら、ほぼ無条件で採用する。即座に使えるはずだからだ。

秋田国際教養大などを採用しないのは、マッキンゼー・アンド・カンパニーなど、昭和な感じのコンサルティング会社である。なぜかというと、戦略コンサルティングの対象となっているのが東芝など、これまた「昭和の企業」が中心だからである。

東芝にいるのは「おじさん」ばかりだ。おじさんたちは東大が一番エライと思い込んでいる。秋田国際教養大卒がコンサルティング会社に面接に行っても軽くあしらわれるのがオチだろう。

ところがベンチャー企業に行った瞬間に、価値観が逆転する。ベンチャーの人たちは、使えない東大卒より秋田教養国際大卒のほうが1000倍使えることを知っている。

ICUも秋田国際教養大も英語をバリバリ使わせる大学ではあるが、英語が使えること自体には意味がない。

英語が使えるだけなら、そもそもアメリカに留学していたような学生が山ほど存在するわけだが、留学経験者もまた使えない人材が多い。

基本的に、外資系企業の日本支社で英語を使う人はそれほど必要とされない。日本で商売をするのだから、日本語を使えなければ困る。大阪支社に大阪弁を話せない営業マンがいても使い物にならないのとまったく同じ理屈である。

重要なのは、英語力ではなく、マルチカルチャーな環境ではないかと私は見ている。マルチカルチャーな環境で過ごした学生は強い。変化に対する柔軟性も優れている。

小中高では基礎学力を身につける

とにかく「いい大学に行かせる」という視点で子育てをするのは、ほどほどにしたほうがいい。

新しいものに興味を持つ能力や、答えのない問いに答えようとする能力を削いでまで受験勉強をさせるのはあまりにリスクが大きすぎる。そこまでして東大に行かせる意味など一つもない。

もちろんあなたの子が中学受験塾でトップクラスに君臨し、順調にいけば余裕で東大というレベルなら東大にいけばいい。まあ、そういう親には迷いがないから、そもそもこの本を読んでいない可能性が高いが。

受験勉強はほどほどにしつつ、職業選択の自由を確保したいなら、一浪覚悟で早慶上智クラスを狙うことだ。あとは就職に強い大学を目指すのもアリだ。

ところで、基本的に日本の小中高のカリキュラム自体は悪くないと思っている。基礎学力を養う上では、それなりに評価できる。小学校で英語を教えるのも、子どもの負担になるわけでもないので、好きにすればいい。小学校で地域の地理を学ぶ授業があるが、子どもの距離感覚を養うには役立っている。歴史の知識も高校の教科書レベルは身につけておいて損はない。

元凶はセンター試験にあると考えられる。マークシート方式だから、優劣をつけるために、どうしてもマニアックな知識を問うことになる。結果、カルトクイズのようになってしまっている。

高校の教科書はそのままで試験を論述式にすれば、本質的な知識を問えるようになるのではないか。大学入試改革が機能すれば、高校の授業ももっと改善されるだろう。

ちなみに、一言で高校の教科書といっても、実は異なるバージョンがあるのをご存じだろうか。手にとってパラパラとめくってみれば、同じ学年の教科書とは思えないくらいに、難易度が違うのに気付く。

当然、進学校では難易度の高い教科書を採択しているし、大学進学率の低い高校では難易度の低い教科書を使用している。

歴史教科書で知られる山川出版社が、高校教科書を一般読者向けに再編集した『もう一度読む日本史』『もう一度読む世界史』などのシリーズを刊行してヒットしているが、あれは難易度でいえば最低クラスの教科書を元にしたものである。

このような書籍は、偏差値でいえば、50以下の高校が使うテキストである。だから、「もう一度読む」シリーズで勉強しても、偏差値50以上の大学入試は突破できない。そのレベルの教科書を読んでいるのだということくらいは、事実として知っておいたほうがいい。

同じレベルの学校でも、校風で合う合わないがある

ひとくくりに小学校、中学校、高校、大学といっても、校風によってまったく別世

界といっていいくらいのギャップがある。

妻は、娘を東京学芸大学付属の小学校に進学させた。学大付属の小中学校は自由に遊ばせると聞いて、娘の性格に合っていると判断したようだ。国立大学付属の小中学校は、意外に自由な校風を持つケースが多いのではなかろうか。

私立高校も学校によってまるで雰囲気が異なる。麻布高校と開成高校では水と油に近いといえる。

世界各地あらゆる分野に開成会があり、OBのネットワークが強固というのは有名な話だ。2017年9月には開成高出身の国会議員・官僚が集まる「永霞会《えいかかい》（永田町・霞が関開成会）」が発足し、設立総会を開いたとの報道があった。初代会長には岸田文雄自民党政調会長が就任し、国会議員9人を含む約600人が入会したという。

それを冷ややかな目で見ていたのが麻布高校のOB連中だという。政官財に麻布OBによる組織は一切ないらしい。一匹狼の麻布らしいエピソードである。

文部科学省の前川喜平前事務次官が、加計学園問題をめぐり「公平、公正であるべき行政の在り方がゆがめられたと思っている」などと発言し、波紋を呼んだことがあった。

報道を見て無謀な反乱だったと思う人も多いだろうが、麻布OBは口を揃えて「麻布の校風ってああだよね」と言っていた。とにかく強い者がいると一矢を報いたくて仕方がなくなり、取りあえず殴りに行かないと気が収まらない。しかも、徒党を組んで戦うのは嫌で、個人でケンカを吹っかけるのが麻布流。最終的に勝ち負けは二の次なのだという。

早稲田と慶應も全然違う。

慶應も全世界に「三田会」がことごとく組織されている。私がスルガ銀行の役員会に参加したとき、慶應出身者が塾長人事についてあれこれ議論をしていた。よほど母校の行く末が気になるらしい。

一方で、愛校心のかけらもないのが早稲田出身者だ。あるとき、早稲田で私が授業をすることがあり、OBを連れて早稲田の駅からキャンパスに向かったことがあるのだが、肝心のOBが駅からの道順をすっかり忘れて、反対側に向かおうとしていた。卒業から20年もすれば、もはやキャンパスの位置すら思い出せなくなるくらいの思い入れである。

慶應出身者なら、三田駅から目をつぶってもキャンパスに到着できるに違いない。

ともあれ、性格と異なる校風の学校に進学したら、本人が一番つらいのではないか。
学校を選ぶときには、校風くらいは調べておいたほうがいい。

第４章

子どもにはゲームをやらせなさい

理系脳の子どもに育てる

拙著『理系脳で考える』（朝日新書）に、「ＡＩ時代になると真っ先に文系脳の人が食いっぱぐれ、理系脳の人が生き残る」と書いた。

理系脳と言うと、理工学部などを卒業した理科系をイメージされるかもしれないが、理系脳と理系はイコールではない。

私が言う理系脳とは、新しいものが好き、世の中の変化が好きという感覚に近い。ドローンとか、ＶＲとか、最新の iPhone といった、新しいガジェットが出ると聞くといち早く飛びつくタイプが理系脳の持ち主といえる。

だから、本当は「理系」に代わる何か別の言葉が必要なのかもしれない。文系学部出身者でも理系脳の人はいる。こういう人たちは、ハーゲンダッツの期間限定商品などを見つけたら、一にも二にも試さずにはいられない。

明治エッセルスーパーカップの「超バニラ」しか絶対に食べないという人は、かなり文系脳といえる。新しいものに興味を持たないから、変化に対応できない。

理系脳の子に育てるSTEM教育については第6章で後述するが、最低でも新しいデバイスとプログラミングを学ぶ機会を与える必要がある。

娘が小学生のころ、近所に住む東大生が「家庭教師のアルバイトをさせてほしい」と言ってきたことがある。

普通は、こっちが家庭教師を探していて、近所の東大生にお願いするというのが順序だ。そもそも家庭教師など必要としていなかったが、近所の子の頼みともあって、仕方がないから来てもらうことにした。

当然、英語とか数学を教えるものだと思っていたら、話が全然違っていた。工学部の彼は、娘にHTMLを覚えさせ、その流れでプログラミングをたたき込んでいた。

今から20年前の話である。当時、プログラミングの家庭教師を雇っている家庭など、どこにもなかったはずだ。その後、娘は中学、高校、大学、そして卒業後に入社した商社でもプログラミングの技術を使うことはなかった。

ところが、最近になって転職した企業でプログラミングの研修を受けたのだという。同僚が四苦八苦しているなか、娘だけが与えられた課題を小一時間でクリアしたと話していた。「昔取った杵柄《きねづか》」というやつだ。

このエピソードから、子どもの頃にプログラミングを身につけておくと、大人になってからも十分通用することがわかる。プログラミングの考え方さえ理解していれば、仕事のＡＩ化にも難なく対応できる。**子どもの頃からプログラミングに触れさせるのは、もはや絶対必須**と言える。

娘の同僚たちは、なぜそこまでプログラミングの技術に長けているのか理解できなかったらしい。彼女が小学生のときプログラミングを学んでいたことを知って愕然としたという。彼らはそこで初めて「自分の子どもにプログラミングを教えないと大変なことになる」と気付いたわけだ。

ある程度プログラミングに精通していないと、新技術の登場によって何がどうなるかも理解できない。

たとえば、「○○さんが言っていたからビットコインを買ってみる」という人と、ビットコインが成立する構造を理解した上で買う人との間には、決定的な差が生まれてしまう。

これは他のあらゆる物事に共通する話である。

「○○さんが言っていたから」で行動していたのでは、他人に生き血を絞られるような人生を送っても文句を言えなくなる。

子どもにはゲームをやらせなさい

何度も繰り返すが、受験勉強はほどほどにして、子どもが興味を持つことをとことん追求させればいい。ただ、自力で興味の対象を見つけられる子どもは20％程度ではないか。

興味の対象が見つけにくいのだったら、ゲームをやらせればいい。ゲームだったら熱中する子は多い。

「ゲームなんてとんでもない。ゲーム中毒になるくらいならガリ勉のほうが大学に行ける確率が高いからまだマシだ」

あなたがそう考えているとしたら、相当頭が古い。ゲームに対する認識が昭和期のファミコンで止まっていると言っていい。

現代のゲームを攻略するためには、自分でいろいろな工夫をする必要がある。親が思っているより、はるかにクリエイティブな作業と言える。

『日経サイエンス』（2016年10月号）に「ビデオゲームで認知力アップ」という記事が掲載された。これはテレビゲームが知的能力を長期的に向上させる効果があると発表した論文である。

これによると、日ごろからアクションゲームをする人は、注意力や迅速な情報処理、課題の切り替えの柔軟性、頭の中で物体の回転を思い描く力など、さまざまな認知機能の向上が心理テストによって実証されたという。

アクションゲームをする人の反応時間を調べたテストでは、ゲームを始める前と比較して成績が10％以上アップしたとの結果が出ている。ゲームで培った能力がビジネスにも応用できると言われるようにもなっている。

たとえば、腹腔鏡手術を手がける外科医がゲーマーだった場合、手術の手際がよいという研究結果も報告されている。アクションゲーム以外にも、ロールプレイングゲームやリアルタイムストラテジーゲームにも、認知面の向上に寄与することがわかっている。

一方、皮肉なことに「脳トレ」をうたって流通しているゲームにはほとんど効果がないことが判明している。

第一、脳トレのゲームは面白くない。楽しいテレビゲームに熱中したほうが、教育効果がはるかに高いということだ。

ゲームといっても、何でもいいわけではない。

スマホでよくCMを流しているような課金制のパズルRPGゲームなどにハマっても賢くならないし、アイテム課金でお金を吸い取られるだけだ。

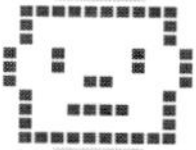

『ゼルダの伝説』は、圧倒的に「買い」

今、私に小学生の子どもがいたとしたら、一緒にテレビゲームに熱中すると思う。2017年3月に発売された**『ゼルダの伝説 ブレス オブ ザ ワイルド』**(任天堂)などはうってつけである。

これは、今まで人類が作り出したゲームの中で、もしかして一番おもしろいかもしれない、とさえ思う。

アクションRPGというと、「与えられた場所に与えられた武器を持って戦いに行く」というイメージを持つ人がいるかもしれないが、今はまるで様相が異なっている。

たとえば、ユーザー自身が「焚き火で木の矢に火をつけて、弓で飛ばして攻撃する」というオリジナルの攻撃を思いついたりする。

どうしてこんなことが可能になるかというと、ソフトの中に物理エンジンが搭載されているからだ。つまり、「火は熱い」とか「強風は物を吹き飛ばす」といった自然界の現象がゲーム内にもそのまま反映されている。

すべてのオブジェクトに重さや固さなどのデータが伴っていて、何度になったら発火するとか、放物曲線とか空気抵抗といった計算も自然界とまったく同じ。ゲームが本物の自然界シミュレーターになっているというわけだ。

だから、「昔は火を利用した武器は『火矢』というアイテムだけ」と限定されていたものが、今は物理的に燃えるものであれば何でも火を付けられるようになっている。

しかも、任天堂のゲーム開発秘話がまた相当おもしろい。

制作したゲームで実際に遊んでもらい、プレイヤーが特定の道しか歩かないことがわかると、山の立体構造をずらして、目的地を山の陰に設定し直すなどの作業を行ったという。これによって、目的地に行くまでの方法が何十通りも生まれるようになる。結果、開発者が想定もしなかった方法で行動するプレイヤーも続々出てくる。これがゲームの面白みを飛躍的に増大させている。

ゲームの開発者がユーザーの行動分析をするというのは、ほぼ**マーケティングの領域**である。

百貨店のマーケティング担当が、買い物客の動線を調査して、その結果に応じて売り場のレイアウトを変えるという話と変わるところがない。

ともあれ、『ゼルダの伝説 ブレス オブ ザ ワイルド』をイチから始めるとしたら100時間はたっぷりかかる。ソフトが1本7500円程度で売られているから、ソフトだけを考慮すれば時間あたり75円しかコストがかからない。今どき、これ以上にコスパのいい遊びを、私は思いつくことができない。

ゲームをするとき、親のパソコンやスマホを使わせれば、子どもは攻略サイトやYouTubeを見て攻略法を分析する。そして、自分であらゆる工夫をしながらゲームに取り組む。

トライ&エラーとかPDCAを無意識のうちに実践していることになる。こういった能力が将来必ず生きてくる。

社会学者などがゲームの経験と収入の関係を実地調査すれば、20年後には驚きのデータが出ているはずだ。

「ゲームをやった子」と「ゲームをやらなかった子」との間に圧倒的な収入格差がついているだろう。

ゲームをさせなかったことを親が後悔する時代が来てもおかしくはない。それくらい今のゲームは本当によくできている。

コミュニケーション能力は伸ばさなくていい

２０２０年度から実施される大学入試制度改革では、センター試験に代わって「大学入学共通テスト」が導入されるほか、各大学が個別に行う入学者選抜（個別選抜）で、多面的な選抜方式が採用される予定となっている。

個別選抜では、面接、集団討論、プレゼンテーションなどが予定されていることもあり、学校教育でもコミュニケーション能力を重視する風潮が高まっている。

ただ、コミュニケーションについてはもともとの能力差が大きすぎるため、才能がない人がそこそこ能力を高めたところで焼け石に水という気がする。

言葉に関する才能は、音楽や美術の才能と一緒で、勉強したからといって身につくものではない。売れている小説家の大多数は、カルチャーセンターの小説教室などに通わずとも売れる小説を書いている。

ただ、言語に関する才能は、ある程度時間が経ってから開花するとの印象はある。お笑い芸人を見ていると、30歳を過ぎて人気者になるコンビが多い。

売れるまでに10年のキャリアが必要だったと説明されるが、本当は違うと思う。もともと30歳くらいにならないと言語的な成功は開花しないのではないか。

なかでも、文章の才能は最後に開花すると見ている。私が運営する書評サイト「HONZ」には、人生で一度も本を読まなかったという高卒・元暴走族の人間がいる。30歳を過ぎて、突然文章を書き始めたというのだが、驚くほどいい文章を書く。

それを見た新潮社の文芸編集者が、「初めてとは信じられない」と目を丸くしていたから、やはり言語は才能である。

「コミュ障」はなおる

才能の差はいかんともしがたいが、「コミュ障」と呼ばれる、極端に人見知りの子どもは、そこまで心配しなくてもいい。

それを説明するために、まずインドア派とアウトドア派の違いについて解説したい。

一般にアウトドア＝運動好き、インドア＝運動嫌いと思われているが、大きな誤解である。

アウトドアとインドアの違いは、本質的に人見知りかどうかの違いである。

アウトドアは体を動かすこと以前に、人と会うのが好きな人たちだ。彼らは人見知りをしない社交的な人たちだ。

外で一人黙々とランニングをしている人がいるが、それはアウトドアではなくランニングが好きな人。例外的なタイプである。

これに対して、インドア派は人見知りである。部屋にこもっている限り、人に会わなくて済む。だから、進んで外に出ようとしない。

インドア派は社会との接点を本やテレビ、ネットなどに求める。だから、インドア派から作家や漫画家、クリエイターなどが生まれる。とくに文芸系の書き手は十中八九が人見知りである。

一般にインドア派のほうが精神的に弱そうに見えるが、本質的にはアウトドア派のほうが弱い。少なくとも、人と会うのが嫌で本ばかり読んでいる人のほうが、年中キャンプをしている人たちより精神的には成熟する。

インドア派の人見知りも、どんなに遅くても40歳にもなればそれなりに人とコミュニケーションが取れるようになってくる。人は40歳になってまで初々しい羞恥心を維持することができない。そして、ようやく「他人はそんなに自分のことを見ていない」という事実に気付く。

彼らは、主婦のおばさんのように開けっぴろげな態度は取れないまでも、それなりに外に出て人と話すようになる。活字や映像のインプットは蓄積されているから、話すべきネタは持っている。そして40代で本当に稼げる仕事に到達する。

だから、自分の子どもがインドアでコミュ障だったとしても、心配は無用だ。むしろサッカーと塾で一日の大半を費やす文武両道型の子のほうが、長期的に見れば悩みが深いと思う。

ただ明るい人たちと明るく楽しい学校生活を送り、新しいことにも興味を持たないままドローンにもゲームにも触れずに大人になったら、社会に出てから世の中の動きについていけず、相当苦労するはずだ。

ご飯は食べなくていい

とにかく子どもの成長に関しては、「平均」にこだわらなくていい。

かなり卑近な例でいえば、ご飯を食べるのが嫌いな小学生の子どもがいる。そういった子は、やせていて平均より体重が軽く、身長も小さい。

考えてみれば、平均より体格に劣る子は50%の割合で存在するのだから、平均以下だからといって別に問題があるとは思えない。

けれども、当事者である親がそうやって鷹揚《おうよう》でいるのは難しい。多くの親が、自分の子の発育が平均以下であることに頭を抱えている。そして、必死になって子どもにご飯を食べさせようとしている。

より好みをするなとか、野菜も肉も食べろとか、ご飯を残すなとか、そうしなければずっと小さいままだぞなどと、脅迫めいたことまで口にして子どもをギリギリと追い込む。子どもにしてみたら、食事の時間は拷問に等しくなってしまう。

そういった親には、声を大にして言いたい。

自分が子どもだった頃を思い出してほしい、と。小学校のとき、あなたもきっとやせていただろう。

それは、あなたの子どもの体格を見れば容易に想像できる。

あなたも子どもの頃は食べることが嫌いだったのではないか？　そして、親からはさんざん食べろと言われてきたのではないか？　ちょうど今あなたが子どもに口酸っぱく言っているように、だ。

でも、まだ子どもは小学生ではないか。

子どもは何年かすれば嫌でも食欲が旺盛になるから心配しなくていい。

あなただって、高校生くらいになったら急に恐ろしい勢いで食べるようになったのではないか？

そして中年になった今、食べ過ぎで下っ腹の贅肉に悩まされているのではないだろうか？

自分だって子どもの頃はパクチーもゴーヤもけっして口にしようとしなかっただろう。だから、子どもにピーマンやほうれん草を食べさせる必要などない。

ピーマンを食べずに死んだ人間なんてみたことがないのだから。

何度でも繰り返すが、コミュニケーションも体格も、「平均以下」だからといって心配する必要はない。

人生においてはどちらも大したことではないと親が知るべきだ。

対談

堀江貴文×成毛眞

遊ぶ、学ぶ、働く
三位一体型の生き方のススメ

【プロフィール】
堀江貴文（ほりえ・たかふみ）
1972年福岡県生まれ。SNS media & consulting株式会社ファウンダー。現在は宇宙ロケット開発や、スマホアプリ「TERIYAKI」「755」「マンガ新聞」のプロデュース、予防医療普及協会の活動など幅広く活躍している。

今の学校教育は、社会では必要とされない

成毛　今日のテーマは「ＡＩ時代の子育て戦略」なんですけど……。

堀江　なんでまた、子育ての本を書こうと思ったんですか？

成毛　Facebookで子育ての話を書くと、意外に「いいね！」がつくんです。

堀江　子育ての話なんか、してましたっけ？

成毛　してるしてる。うちの娘が高校生のとき、２人でゲームの「ファイナルファンタジーⅪ」ばっかりしてたんです。「日本で一番、父親と遊んでいた女子高生だった」みたいな話を書いていたら、「それ面白いね」と。つまり、ゲーム漬けで受験勉強なんかしてなかった。

堀江　僕と同じぐらいの年の親は、小学生とか中学生の子どもがいて〝絶賛子育て中〟な感じですけど、みんなゲームを禁止してるんですよね。めっちゃ不思議です。

成毛　あり得ないでしょ。

堀江　その親たちは子どもの頃、親からゲームを禁止されてブーブー言ってたくせに、

自分が親になったら同じことをしている。なんなんですかね？

成毛　僕は、学校の勉強をするよりゲームをやったほうがいいって、本気で思っているのね。娘が中学校のときに、テストを持って帰ってきたのを見たら、90点とかだった。「どこが間違ったの？」と聞いたら、「最上川の支流の名前を書きなさい」という問題に答えられなかったというわけ。それを聞いた瞬間に、「そりゃ90点で十分だわ。最上川の支流に住んでいる人以外、その支流の名前を知らないし、知る必要もないから」と。

堀江　そうですよね。

成毛　理科のテストで「窒素」をひらがなで書いたらバツになったこともあった。漢字じゃなきゃダメなんだって。国語のテストならまだしも、理科のテストだよ？

だから、その程度の教育しかしない学校に行かせてもしょうがない。というわけで、娘は受験勉強をしなかった。

堀江　僕は、僕らが子どもの頃と教育が変わってないのが不思議なんですよね。

成毛　プログラミング教育だって、まだ始まってないでしょ（２０２０年から小学校で必修化）。うちの娘は15年前、中学生のときにＨＴＭＬを書いていたんだよね。近所に住んでいた東大工学部の子に家庭教師をやらせていたら、勉強を教えないで、HTMLばっかり教えていた。家庭教師をつけたのにテストの点数が全然上がらないから「どんなこと教えてるの？」と聞いたら、「プログラミングはきちんと覚えさせましたから」と。今から思えば、それが正解だったかもしれないよね。

学校教育では、「従順な人間」しか生み出さない

堀江　僕の後輩で30代くらいの人たちは、子どもがもうすぐ幼稚園に行くくらいになっているんです。最近、彼らが「小学校とかマジで行かせたくないんですよ」みたいなことをよく言うようになった。「小学校なんて絶望でしかないですよ」とも言ってます。

成毛　僕自身もそうだったけど、ADHD（注意欠陥多動性障害）の子にしてみたら、小学校はつらいよね。今もそうだけど、僕はまっすぐ座れないし、絶えず動いているから。

堀江　僕も動いているほうが自然ですけど、じっとしてることもできるんですよ。

成毛　すごいよね。

堀江　本当はやりたくないだけで、できるんです。だから普通に公立の小学校に行っていたし、中高も普通に卒業できた。嫌だなと思いながらやっていましたけどね。

成毛　僕みたいに、明らかに落ち着きがなくて、部屋がぐちゃぐちゃになっていないと逆に物が見つからなくなるような人にしてみたら、学校は地獄。授業中に立っちゃいけないとか、座っていなきゃいけないとか、理解できない。

堀江　それを刑務所で体験しましたよ。

成毛　おー、大変だったね（笑）。

堀江　それはともかく（苦笑）、小学校に行かせたくないのは、別にADHDの子に限った話じゃないです。僕は『すべての教育は「洗脳」である』（光文社）という本で、学校は国策「洗脳機関」だと書きました。学校が育てようとしているのは、言ってしまえば従順な家畜。で、従順さを評価する指標が受験勉強の学力です。

成毛　東大を出て本当に頭が悪い人がいるけど、どっぷり洗脳されちゃった人だよね。

堀江　もともと学校は、国家のために働いて、税金を納めて、子どもを産んで、国のために戦地に赴くのを厭《いと》わないような国民を作るための機関として作られたわけです。

いまだに教科書だって、国の検定を通ったものでないと使えないことになっているし。

成毛　それって世界的には珍しいんだよね。

堀江　欧米の先進国は、どんな教材を使うか、それぞれの学校が判断しています。でも、日本はそうならない。むしろ道徳を教科化して、国が道徳精神を養うことでいじめをなくそうとしている。結局、戦前の「修身」と何も変わってないですよね。国家が理想とする人間になったら一人前、という常識の押しつけが行われているわけだけど、でも、考えてみてください。もう「国家」なんてなくなりつつあるんですよ。

インターネットがあれば、先進国ならどこに行っても不自由なく生活できる。ＡＩが進化して自動翻訳アプリが完全実用化したら言語の壁もなくなる。もはや国はファンタジーでしかなくなっている。だから、学校なんてもういらないし、別に行かせなくていいんですよ。

勉強よりも、「ハマっていること」が仕事につながる

成毛　受験勉強をするより、好きなことをしているほうがいいと思うんだけどね。

堀江　学校に行かないと得られない教養なんて、もはや1つもないですから。僕の周りにも低学歴の人がたくさんいるけど、みんな必要に応じて自分で調べて勉強をしている。そういう知識のほうが生きた教養じゃないですか。

成毛　好きなことなら、自分で勉強しようとするからね。

堀江　僕はずっと「ハマることの大切さ」を言い続けてるんですよ。物事にハマる力はみんな持っているはずなのに、いつの間にか忘れてしまう。親とか学校から「ゲームばっかりするな、勉強しろ」って禁止され続けるからです。

成毛　本当にかわいそう。

堀江　素朴に好きなことをやっていたほうが断然いい。それが将来の職業につながるかどうかとか、つまらないことを考えなくていいんです。僕だって中学のときにプログラミングに熱中していたけど、「これをやれば大人になったとき大もうけできる」なんて考えてなかった。そもそも〝IT系の仕事〟という概念がなかったから、遊びを将来の仕事に結びつけて考えてなかったわけです。

成毛　だって、この先どんな仕事が生まれるかわからないんだから。今ある職業を念頭に置いていても仕方がない。

堀江　そう。僕が中学生のとき、YouTubeの動画で食べていける人の存在なんて予想できなかった。結果として、「ハマっていること」が仕事になったりお金になったりしているだけ。

よく「子どもがサッカー好きで、サッカーの強い高校に行きたがっているけど、Jリーガーなんて簡単になれないんだから、普通の高校に進学して大学に行ってほしい」とか言う親がいるけど、あれも全然理解できない。

成毛　うん、そうだよね。

堀江　だって「サッカー選手になること以外は全部挫折」って、相当窮屈な価値観ですよ。サッカーにハマることでクラブ経営に興味を持つかもしれないし、サッカー部の友だちとまったく別の仕事を始めるかもしれない。いちいち挙げたらキリがないくらい、あらゆる可能性があるじゃないですか。

成毛　そうだよね。真面目に普通の高校に行った結果、つまらないやつだと言われても泣くに泣けないからね。

「AIに仕事を奪われる時代」は、もう来ている

成毛　僕がやっているベンチャーキャピタルでは、最近AI関係の会社にいろいろ出資し始めました。たとえば「スペクティ」とか結構おもしろいですよ。

堀江　どんな会社ですか？

成毛　ニュース配信をする会社。SNSからAIでニュース画像を取ってきて、それを報道機関向けに速報している。NHKも含めて全キー局、新聞社とか、地方のテレビ局も入れると、日本で今120社くらいが使っているかな。欧米はAP通信が代理店をしていて、400社くらいが使っている。

最近思いません？ テレビを見ていて、火事のニュースとか速報がめちゃくちゃ早く入るようになったって。それまでは119番通報を受けてから消防が動いて、そのあと社会部記者とかが動いていたわけでしょ？

堀江　それを今はクラウドソーシング（インターネットで個人に仕事を委託）してるわけですね。

成毛　そう。ある火事の現場に行ってみたら記者しかいなかったという状況が生まれている。つまりTwitterとかFacebookに炎の画像が投稿されたら、それをＡＩが瞬時に引っ張ってきて配信するから、もはや１１９番通報より早くなっているわけです。

堀江　だったら〝ＡＩ消防署〟を作って、ドローン（小型無人機）で消火したほうが早くないですか？

成毛　実際、そういう話になっている。今、消防署に売り込みに行っているんですよ。「あなたたち、報道されてから出動するのって、格好悪くないですか？」と。

堀江　ドローンが空を飛んでいったら、もうめちゃくちゃ早いですもんね。

成毛　滞空時間10分として、23区内に10か所くらい配置しておけば十分じゃないですか。

堀江　いいですね。そんなことになってるんですね。

成毛　ＡＩでニュースを配信するわけだから、いっそＡＩアナウンサーを作ってアナウンスもすればいいのに。

堀江　ちょうど、今日はその話をしようとしてたんですよ。僕は「ホリエモンチャンネル」というYouTubeの番組をやっているんですけど、そのアシスタントをやっている子が、いつもドワンゴ（「ニコニコ動画」運営会社）が選挙特番をやるときに呼ばれていたんです。「○○さんが当選しました」みたいなのを読み上げる役で。

彼女が「来週、選挙の開票番組があるんですけど、今年は呼ばれてないんですよね」っていうから、もともと僕が紹介したこともあるので、紹介先に聞いてみたんです。そしたら、なんか歯切れが悪い感じだった。で、当日どうなったと思います？

成毛 呼んでもらえなかったの？

堀江 ＡＩが開票速報を読み上げてました。

成毛 やっぱりそうだよな。

堀江 早速、ＡＩに仕事を奪われたわけですよ。

成毛 読み上げに関しては、本当にすぐに奪われると思いますよ。

堀江 道路交通情報センターの人とか、気象予報士の人とか、いなくなりますよね。

成毛 アナウンス系はもう要らなくなるよね。

堀江 ラジオ局なんか予算を抑えたいから、すぐやると思いますね。

今後は、ロボット工学にチャンスあり!?

堀江　東大の（ＡＩ研究が専門の）松尾豊准教授と対談したときに、手の話になったんですよ。

成毛　手の話？

堀江　ＡＩハンド。今のディープラーニングって、コンピューターにとっての目とか耳じゃないですか。目とか耳で学習して、目で見たものを認識してタグ付けできるようになったという状態です。これもすごく飛躍的な進化だったわけですよ。

でも「これがペットボトルです」というのはタグ付けできるけど、「ペットボトルが何であるか」という意味付けはできないわけですよね。

ところが、実際に触ることで「ペットボトルがなんであるか」がわかるようになります。何回も触ることで、「キャップってこうやって開くんだ」とか「中に何か入れられるものなんだ」などと意味付けしていく。そのために必要なのが「手」だっていう話なんですよ。

成毛　聴覚と視覚だけじゃ認識できないもんね。

堀江　Googleが、ロボット会社のBoston Dynamics（ボストン・ダイナミクス）とSCHAFT（シャフト）をソフトバンクに売却しましたよね。

西洋的な価値観では、ロボットを忌避する傾向がある。だからロボット工学者の半分ぐらいは日本人らしいんですよ。論文も半分ぐらい日本人が書いていて、国際学会も約半分が日本人みたいです。

成毛　キリスト教的な価値観からすると、神が人を作ったんだから、人が人型のロボットを作ってはいけないという感じ？

堀江　そういう概念が根強いから、ロボット工学者になろうという人は、「おまえロボットなんかやってんの？　気持ち悪い」みたいに言われる。つまり、ロボット工学者の層が薄いわけですよね。彼らは〝バーチャル3D世界〟を作って、そこで試行錯誤すればいいという形でやっています。でも、バーチャルの世界は現実世界とはまったく違うわけで、精度も全然粗い。

足に関しては自動運転の技術が結構進んでるけど、手は誰もやっていないんですよ。

成毛　手、おもしろいかも。

堀江　細野不二彦という人が『バディドッグ』というマンガを描いています。それはまさにＡＩと身体性がリンクすることで、汎用のＡＩが生まれるんじゃないかっていう話です。『バディドッグ』のモデルはaibo（ソニーの犬型ロボット）なんです。捨てられたaiboを改造して、最先端のＡＩを入れたらどうなるか、みたいな話です。

ＡＩはコンピューターサイエンスの世界じゃないですか。コンピューターサイエンスをやっていて、Python（機械学習やデータ分析に多く使うプログラミング言語）とかでディープラーニングのプログラミングができ、スクリプトが書けて、ロボット工学にも精通してる人ってほとんどいなくて〝激レア〟らしいんです。だから、今すごいチャンスなんです。

成毛　投資チャンスがあるかもしれない（笑）。でも、そういうところを目指す人が

もっと出ないとね。

学校では科学の教養を教えてくれない

成毛 ベンチャービジネスに対する投資は、なるべく早ければ早いほどオイシイ。ビットコイン（仮想通貨）だって、そう。

堀江 その話で言うと、僕、イーサリアム（ビットコインとは別の仮想通貨プラットフォーム）のＩＣＯ（仮想通貨による資金調達）に応募していたんですよ。

成毛 僕は買ってないんだよね……。

堀江 いや、違うんですよ。この話はオチがあって、僕は「秘密鍵」を忘れちゃったんです。そのとき僕の手持ちのビットコインが日本円で1万円ぐらいしかなかったんで、それを全部突っ込んだ。まあ1万円だから遊び金じゃないですか。

で、1年くらい忘れてたんですよ。そしたら突然、「イーサ（イーサリアム上で提供される仮想通貨）という仮想通貨で取引できるようになったので、ここにアクセスして引き出してください」みたいな通知が来た。で、秘密鍵を入力したら「違います」と言われて、「わー、もう永遠に思い出せません」みたいな……。

成毛　あらら。

堀江　今だいたい2000倍ぐらいになってるんですよ。でも僕のサロンにいた人で、イーサリアムとか、ネムとか、モナコインとかの仮想通貨を買った人は、〝億り人〟（おくりびと＝仮想通貨の売買で資産を億単位で増やした人）になってますよ。

成毛　そうだよね。

堀江　だから僕はちゃんとみんなに言ってるんです。最初はオルトコインのイーサリアムとかモナコインが来るよ。次はFXで、次はトークンだよって、全部言ってるんですよ。でも、「堀江さんが言うことは最先端過ぎて、理解が追いつかない」ってよく言われるんです。

成毛　そうだよね。ハッシュ関数とか、楕円関数とか、全然理解できてないもんね。

堀江　まず、みんな素養がないから。今の教育って、ハッシュ関数も教えないし、それこそ公開鍵暗号の仕組みも教えない。「P2Pってなんなの?」みたいなことも、貨幣が本質的にどういうものなのかも教えない。『サピエンス全史』を1年かけて読むとか、そういう授業があっても全然いいのに。

成毛　本当にそう思いますよ。

堀江　それだけでも相当な教養がつくわけです。でもその教養が今、非常に必要とされているにもかかわらず、誰も教えてくれない。

成毛　昔、〝情弱〟（情報弱者）ってよく言っていたじゃないですか。それの度合いが激しくなってきた感じがする。ピンポイントでこの情報を知っているかいないか、しかもきっちり勉強しているかどうかでとんでもなく差がつく時代になっていますから。

中国はヤバイくらい先を行っている

成毛　今、スルガ銀行っていう地方銀行の役員をしているんだけど、スルガ銀行は日本で最も儲かっている銀行なんですよ。その強さの理由の1つがITなんです。役員会でも、支店の機械化をどう進めるかとか、ほとんどIT企業みたいな会話をしている。もう最終的には全支店を無人化していくくらいの勢いだからね。

すでに各支店に自動金庫があって、業務終了後にキャッシュを入れると自動的に計算して、お札をより分けてロボットが地下まで持っていくようになっている。金庫番がいなくなって、お金を勘定する手間も省けたので、どんどん社員数（人件費）が減っているんです。

堀江　キャッシュレス店舗は確実に増えます。ロイヤルホストでクレジットカードと電子マネーのみの店舗ができるというニュースがありましたよね。あれは結構いけると思うんです。

成毛　絶対いけますって。中国なんか、ほとんどQRコードで決済しているよね。

堀江　あのQRコード化はヤバイですよ！　実はうちのサロンの企画で、深圳《しんせん》（中国・広東省）に視察に行ってきたんです。もう、どこもかしこもWeChat Pay（微信支付）決済で、外国人はどうやってお金を使うの？　みたいになってた。

成毛　そうだよね。

堀江　すごいのは、それで無人コンビニが成立しちゃったということ。だって万引きが見つかったら決済が停止されて、ネット上で死刑宣告されちゃうようなものだから。

成毛　その日をもって、「もう何も買えません」ということになる。あと30年ぐらいすると、中国人は本当に信じられる国民になると思う。これは皮肉でもなんでもなくて。

堀江　だから次の定例会は上海でやろうと話しているんです。どんどん中国に行って情報を吸収していかないとヤバイことになる。いまさら言うことじゃないですけど、日本ほど現金を使っている先進国は他にないですからね。

成毛　そんなこと、学校じゃ絶対に教えないでしょ。

堀江　そうなんですよ。完全に終わってますね。日本人はもう100周回ぐらい遅れてます。こんな僕だって、もう5周回ぐらい遅れていると思って焦っているくらいですから。

成毛　焦るよね。

堀江　動画サイトとかも、最初は日本人が作ったものがもてはやされたんですけど、今はもう全部オリジナルコンテンツで彼らが作るようになって、新しい動画の文化も彼らが作っている。

成毛　日本のテレビの報道はバイアスがかかっているから、中国がいかに進んでいて面白いかとか、全然伝わってこない。

堀江　だから中国に行っている人は得できますよね。だって深圳なんか近いし、LCC（格安航空会社）なら往復3万円ぐらいで行けますからね。

医師さえいらなくなる未来がやってくる

堀江　何周も遅れている日本では、教育のシステムは変えられないと思いません？

成毛　そうでしょうね。このままいくと何が起こるかっていうと、プログラミングとかゲームをしていた子は、仮想通貨を買ったりして、生きていく上では何の不自由もしなくなる。その一方で、真面目に学校の勉強をしていた子は、弁護士とか税理士の資格なんかを取ったりして大変な思いをして生きていくことになる。

堀江　みんな僕のことを全然信じてくれないんですよ。「資格なんか取らなくていいよ」って話をすると、「極論ですよね。そうは言っても、本当は必要な資格があるでしょ」と。本気で取らなくていいって言ってるのに。医師ですら、もはや厳しいですよ。

成毛　ＡＩの遠隔画像診断をやっているアメリカの会社に投資をしているんだけど、あれは本当にヤバイ。Ｘ線（レントゲン）とかＣＴ（コンピューター断層撮影装置）とか、ＭＲＩ（核磁気共鳴画像装置）の画像読み込みは、もう人間には無理だね。

堀江　完全にそうですよ。

成毛　ＡＩが瞬時に画像を読み取って、「あなたの病名は○○です。確率99・28パーセント」とか明確に診断を下す。もう人間ドックで働く人とかいなくなります。

堀江　もうＲＮＡ（リボ核酸）創薬みたいな話は、かなり実用に近づいています。まず血液を通じて体の状況をリアルタイムにモニタリングする。そのうえで、薬のタンパク質を作り出すためのＲＮＡの情報がマイクロカプセルに入れられて、そのマイクロカプセルが体の異状があるところまで運ばれると、そこで溶けて細胞の「リボソーム」がタンパク質を作り出して治療する……みたいなことが、もうすぐ実現しようとしている。そうなったらほとんどの医療業務は要らなくなる。

成毛　このままいくと誰が生き残るんだろうって話ですよ。

堀江　成毛さんはゲーマーだからいいですよ。つまり、人間同士がやることを楽しむという結論になるのかな。

だって、１００メートル走なんて、もう１００年以上前から純粋に必要ないものじゃないですか。速く移動するという意味では、他にいくらでも手段がある。人間が速く走ることには意味がない。でも、オリンピックの１００メートル走という種目は

「意味ないじゃん」とはならないですよね。

成毛　ウサイン・ボルトみたいなヒーローも出てくる。

堀江　つまり、人間がいる限り必要とされること、人間がやっているからこそ価値があるとされることを考えればいいんです。

「遊ぶ」「学ぶ」「働く」に区別がなくなる

堀江　僕は遊びを究めることが、将来の仕事を作ることにつながると思っているんです。インターネットだってそう。もともとは真面目な目的で開発されたもので、遊び目的で開発されたものじゃないけれど、今は多くの人が娯楽のために使っている。その娯楽のニーズに応えてきたのは、僕のようにパソコンを使って遊び倒してきた人たちです。

成毛　遊びが立派な仕事になったわけだね。

堀江　ＡＩが楽しくない作業をやってくれる時代になったら、人間に残されているのは遊ぶことだけ。未来に必要な要素は、遊びの中に詰まっているわけですよ。

成毛　むしろ積極的に遊ばないとダメ。

堀江　そうです。遊ぶこと、学ぶこと、働くことに区別のない三位一体型の生き方が主流になっていくと思うんです。マンガを読んでいることは一見すると「遊び」だけど、それを評論して報酬を得たら「仕事」になるし、マンガを読むことに「学び」の要素も入ってくるようになる。僕自身、そうやって生きてきたし、そのほうが楽しい。

成毛　なるほどね。じゃあ、ゲームをやっていても大丈夫だ（笑）。

堀江　成毛さんはゲームをやっているから大丈夫（笑）。まず親自身が好きなことをやらないと。学校とか会社の洗脳から自由にならないと、子どもの可能性を台なしにしてしまう。親たちは、本当に早く気付いてほしいですよね。

第５章

10年後、その職業は存在するのか？

「今ある職業」の多くは、20年後に存在しない

10年先の未来は、今とはまったく異なりつつも、根本的なところはそれほど変わらないだろう。

たとえば、iPhone のオリジナルモデルが発表されたのは、およそ10年前の2007年。それまでガラケーを使っていた人がスマートフォンを使うようになったことを考えると、人々の世界観や生活は激変している。

では、これから10年先に、同じくらい画期的なデバイスが登場するかというと、それはないように思う。

自動車業界も、T型フォードが登場する前と後では業界の構造が一変したわけだが、それ以降、ひたすらT型フォードの進化が続いてきたのと同じようなイメージだ。ドローンやAIなど、これから10年をリードする技術的なファクターは、昨今で一通りテーブルの上に出た感がある。今後10年で、それらの技術がどんどん進化していくことになる。

ただ、その中で企業は激変するところと、あまり変化のないところで大きく分かれると予想される。

２０１５年12月に、野村総合研究所が日本国内６０１の職業について、ＡＩやロボットなどに代替される確率を試算した。それによると、10～20年後に、日本の労働人口の約49％が就いている職業が代替され得るとの推計結果が出ている。

内閣府の試算では、２０３０年の労働人口は約５６８３万人と予測されている。つまり、２７８４万人もの人が職を失う可能性があるということだ。

タクシーやバスの運転手は、自動運転車の導入で職を奪われる可能性が高い――というのは、もう耳にタコができるくらい聞かされている話だ。実際、自動車の組立工や、倉庫作業員などはすでにロボットに代替される状況が加速している。

産業革命のような従来のイノベーションで仕事を奪われてきたのは、工員や肉体労働者などのブルーカラーワーカーだった。しかし、**ＡＩ化はホワイトカラーの職種の多くを代替可能にする**ことがわかっている。もはや大手企業のビジネスマンや士業も、将来的に安泰とは言いがたい。

これまで高給取りのイメージが強かった弁護士の仕事も足下が揺らいでいる。ＩＢ

Mが開発したAI「ワトソン」を活用したITサービスの提供が、日本でも始まっている。たとえばワトソンと連携した契約書作成サービス「ホームズ」を利用すると、何万円という手数料を支払って弁護士に依頼していた契約書の作成を、月額980円の固定料金で、クラウド上で簡単に作成・管理できるようになっている。

AI弁護士の文書処理能力は人間の比ではなく、早晩、人間弁護士の仕事は奪われることになるだろう。すでにアメリカではパラリーガル（弁護士の業務を補助する職業）の仕事をAI弁護士が代替しはじめている。少なくともパラリーガル、弁護士秘書、法律事務員などは職業として成立しなくなるはずだ。

医療分野に関しても、エコー（超音波検査）やX線透視検査、CT検査などの臨床検査技師の仕事は、完全にAIに移行するに違いない。医師が携わるのは、インフォームドコンセントやメンタルケアなど、人間としてのサービスに限定されることになるだろう。医師は技術者というより、接客業のような方向にシフトするのではないか。

銀行・自動車業界でも雇用は激減している

仮想通貨が今まで以上に普及すれば、銀行業務もいよいよ本当に終わることになりかねないから、なりふり構わずに生き残りを模索することになる。

すでにメガバンクは大規模な人員削減に着手している。みずほフィナンシャルグループは2017年11月、みずほ銀行の支店など約100店舗を削減しており、2026年度末までにグループの従業員を1万9000人減らす方針を打ち出している。三菱UFJフィナンシャル・グループは2023年度末までに9500人分、三井住友フィナンシャルグループも2019年度末までに4000人分の業務量を削減するとしている。

業務にAIを導入するのはもちろん、コンピュータシステムの中で成立する新しい商品を設計していくことになるはずだ。

自動車業界も、電気自動車に移行すれば、これまでエンジンを作ってきた部品メーカーはもとより、トランスミッションやバッテリーなどを納入していたメーカーも全滅してしまう。

すでに、ノルウェーは2030年から、オランダは2025年から、ガソリン・軽油車の販売を禁止すると決定しており、フランスとイギリスも2040年までにこれらの販売を停止するとしている。

インドやアメリカのカリフォルニア州でも、同様の目標を作ろうとする動きがある。そして、世界最大の市場である中国もガソリン車の生産・販売を禁止する動きを加速させている。

2040年にガソリン車を全廃するなど不可能だと主張する向きもあるが、私はむしろ逆である。下手をすれば2040年より早く実現すると予想している。

ボディにしても、木などの繊維から作る「セルロースナノファイバー（CNF）」が実用化されれば、鉄鋼やアルミ合金を扱っていたメーカーは生き残れなくなる。残るのはタイヤメーカーくらいだろうか。

とにかく技術が進化するスピードはとてつもなく速くなっている。固定電話が携帯電話になるのに100年を要したわけだが、ガラケーがスマートフォンに置き換わったのが10年。自動車もこのようなスピードで技術革新が進むと考えるのが自然だ。

「AIに取って代わられる」のは、どんな仕事か

今後、AIが代替するであろう仕事は、2つのタイプに大別できる。

1つは**過去のデータが膨大に蓄積されている仕事**。前述した弁護士などは膨大な判例を扱うから、ディープラーニングしやすい。日本はアメリカと法体系が異なるから、アメリカほど膨大な判例を扱うわけではないが、やはり弁護士業務はAIに代替されやすい仕事ではある。

不特定多数の人間が頻繁に出入りするコンビニなども同様だ。カメラを置いておけば、顔の画像データなどを大量にディープラーニングできる。

逆にいえば、データが著しく少ないビジネスはAI化しにくい。年に1回くらいしか起こらない状況を学習させたところで、活用できるまでに100万年くらいかかってしまう。データがあったとしても、毎回違いすぎるのもAIとの親和性は低い。単純に学習させやすいデータが多いかどうかが、AI化されやすいかどうかを左右する。

もう1つのタイプは、**AI化することで大量に人員を削減できる仕事**。人数が多く

て同一労働をしている分野だ。

ＡＩのシステムに１００億円を投資しても、それを導入することによってコストが５００億円カットできるなら、企業は迷わず投資する。その典型例が自動運転だ。自動運転が導入された瞬間に、トラックドライバーとタクシードライバーがいなくなるとすれば、コスト削減効果は大きい。

少なくとも、ここ10年内にも長距離トラックをＡＩで走らせるようになるのは目に見えている。高速道路三車線のうち、真ん中が「自動運転レーン」になって、そこを黙々と自動運転トラックが数珠つなぎで走行している……。そんなシーンが目に浮かぶ。荷物の積み卸し作業のために運転手はいるが、運転の必要がないので仮眠を取ったりすることになれば、ドライバーの労働問題もある程度解決するはずだ。

一方で、両者の中間に位置する仕事は、そう簡単になくならないのではないか。たとえば、お神輿《みこし》をつくっている職人は日本全国に数えるほどしか存在しないだろう。そこに50億円くらい投資して職人ロボットをつくったところで回収不可能だから手を出すわけがない。同様に、植木職人や藍染め職人のロボットが出てくる可能性は低い。

要するに、自分がやっている・やろうとする仕事が「過去のデータが膨大に蓄積されている仕事」「AI化することで大量に人員を削減できる仕事」に該当しているかというだけの話。その層から外れた職業の人たちは、案外、労働観が変わらないまま生きていくように思える。

小中学校の先生など、AI化が進展しても、何も変わらないと想像できる。学校は知識教育を施しているだけではなく、ある種「日本型社会ルール」を学ばせている場でもある。「掃除をちゃんとしろ」とか「給食は残さず食べろ」といった教育指導をロボットに代替させるわけにはいかない。

さすがに20年後になれば何がどうなっているかわからないが、ここ10年は教師という職業がAI化で取って代わられるとは考えにくい。

「つぶしがきく」のは、どんな仕事か

そんな状況の中で、将来的に「つぶしがきく商売」をさせたいと願う親が多いと思うが、では「つぶしがきく」とは具体的にどういうことなのかというと、次の2つが考えられる。

1つは、**サプライチェーンの上流に位置する企業**であること。

たとえば、メガバンクは「○○センターサービス」とか「□□システム」といった子会社や関連会社を多数抱えている。

メガバンク本体の人間が、子会社に出向したり、関連会社の社長になる話は頻繁に耳にするが、子会社の社員が都市銀行本体に行ったという話は聞いたことがない。

同様に、出版社の元編集者で喫茶店のマスターをしている人は山ほどいるが、喫茶店のマスター出身の編集者というのはいない。

よほどの例外を抜きにすれば、人の流れは上流から下流へと決まっていて、逆流することは考えられない。必然的に、上流の会社に就職したほうが「つぶしがきく」ということは言える。

もう1つは、**さまざまな職種の人と会う仕事**ということ。

たとえば、地方銀行の支店で融資に関わっているような人は、飲食店から工場、商店などあらゆる職種の人と付き合うことになる。あるいはメガバンクの支店長や営業本部長ともなれば、日常的にあらゆる職種の大企業の経営者と接している。こういう経験を通じて得られる視野にはあなどれないものがある。商社マンや経産省職員なども、同様な理由で「つぶしのきく」人がそろっている。

さまざまな職種に入り込んでいるという意味では、ＩＴ業界が一番と言えるだろう。なにしろ自衛隊もコンビニも学校も、ＩＴ系は必ず関わっているのだから、とにかく世界が広い。

出版社で考えてみても、「自動車業界の下請け企業でエンジンを作っていました」みたいな人を採用するのは到底考えにくいが、「ＩＴ企業で働いていました」みたいな人を採用する可能性はある。自社のシステム運営を任せても、ＩＴ企業の取材をさせても、間違いなく役に立ちそうだ。

そうやって「ＩＴありき」で入社した人は、いつの間にか文芸系に異動したりして、案外活躍することもあるからおもしろい。

つまり「つぶしのききやすさ」は「転職のしやすさ」という意味でもあり、転職をきっかけにまったく新たな才能を開花させる人もいる。一方で、転職というチャンスを得られなかったために、才能をくすぶらせながら終わってしまう人もいる。そのくらいの話は、少なくとも子どもの就職前には聞かせておいたほうがいい。

最終学歴は、「最初に入った会社」だ

圧倒的に優秀な人は、最初からわざわざ就職しようとは考えず、自分でベンチャーを起業してのし上がっていく。ただ、そんな才能に恵まれた人はごく一握りである。大学卒の大半は企業に就職することになる。ここで見逃せないのが、「最初に入社した会社」が最終学歴として機能するというポイントだ。

最初に入社した会社は、どこまでも自分を追いかけてくる。早稲田大学卒でも日本大学卒でも、**電通に入社してしまえば、それ以降のキャリアは「電通出身者」としてみなされる**ことになる。だから、どの大学に入学するかよりも、最初にどの会社に入社するかのほうがはるかに重要である。

極端に言えば、一度入社してしまえば、あとはいつ辞めてもいい。だから、電通やリクルート、総合商社やメガバンクに入社して、数年で転職する人が後を絶たない。総合商社出身となっただけでキャリアに箔がつくから、彼らはスタンプラリーに参加するような勢いで大企業を通過していく。

今は転職社会だし、複数の会社を転職するのが前提になっているから、転職のしやすさでキャリアを考えたほうがいい。最初に入社した会社が「最終学歴」になると考えれば、できるだけ大企業に入社したほうが賢いということになる。これは前述したサプライチェーンの上流に位置する会社とも重なる。

もしくは、最初からベンチャー企業に飛び込んで、切った張ったの商売を体感する道もある。首尾良く実力をつければ自分で商売を始められる可能性もある。

一番危険なのは、中途半端な大きさの会社だ。ベンチャー企業から出発して、一部上場を成し遂げたような会社は、本当の意味で大企業の論理がわからないし、かといって企業の規模は大きいから、一人に与えられる仕事の枠は小さい。こういう会社でキャリアをスタートさせた人は、結果的に大企業には相手にされないし、勢いのあるベンチャー企業からも敬遠される。

なお、勘の鋭い新卒学生はベンチャーキャピタルを目指す。ベンチャーキャピタルで仕事をしながら、確実にうまくいきそうな企業に出向して、そのまま転職する。社員10人くらいのベンチャー企業に入り、株式の10%を持ったとして、上場時に1000億円の値がつけば、それだけで100億円を手にする計算になる。

そんな道があることすら知らない学生たちは、おもしろくもなさそうな会社に頭を下げて採用してもらう。スタートからして、とてつもなく出遅れてしまうわけだ。

子どもがあこがれている職業は、実際に見せる

「子どもがタクシー運転手にあこがれているけど、自動運転が普及したら、タクシー運転手はなくなりそうだし……」

といった心配をする親がいるようだが、つまらないことで気をもむ必要などない。子どもがあこがれている職業があるなら、あこがれさせておけばいい。

タクシー運転手にあこがれた子どもが全員タクシー運転手になるはずがない。タクシー大好きの子どもは、将来的に車に搭載するＡＩの開発に携わるかもしれない。だから、「好き」という気持ちを尊重すべきだ。

世の中には、**好きが高じていつの間にか最先端の仕事をしている**人が存在する。たとえば、ただの鳥好きだった子どもが鳥類の研究者になるようなケース。京都大学で、ダチョウを使った新規有用抗体の低コスト・大量作製法の開発に取り組んでいる塚本

康浩教授などがその一人だ。

塚本教授は子どものころからの鳥好きで、研究するわけでもなく、ただただ鳥を飼っていたという。あらゆる種類の鳥を飼っていたが、ダチョウは自宅では飼えないという理由から、大学でダチョウを飼育することを思いついた。

大学でダチョウを飼っているうちに、ニワトリに比べてダチョウは感染症に強いことに気付き、しかも鶏卵の25～30倍もの大きさの卵を産むことに着目して、ダチョウを活用した抗体生産の研究を始めたのだ。

物理学者になる人も、受験勉強で物理のテストの成績が良かったから物理の道に進むという人は意外に少ない。根っからの宇宙好きで、宇宙のことを知りたくて知りたくて仕方がなく、調べてみたら京都大学なら研究ができそうだとわかって、そこから受験勉強を始めた、という感じで、「好きなもの」のために進路を決めたという人が多い。

文学系の学者や編集者も似たような人が多いのではないだろうか。小学生の頃からドストエフスキーの作品にハマって、後から「ロシア文学」を研究できる大学の存在を知り、大学に進学したという人のほうが、その道で大成する可能性が高い。

だから、子どもが職業にあこがれたら、実際に見せたり体験させたほうがいい。板前にあこがれたら、板前がいるお店に連れて行き、間近で仕事ぶりを見せるべきだ。警察官にあこがれているなら、近所の交番に行けばいい。

誰だって、子どもから「あなたの職業にあこがれている」と言われたら嬉しいし、よくしてあげようと思うはずだ。

一方で、子どもがあこがれる職業にそれほど固執しなくてもいい。

子どもがあこがれる職業は、警察官とか電車の運転手とか、パティシエとかスポーツ選手などと、だいたい相場が決まっている。

子どもの人気職業ランキング（2017年、化学メーカークラレの調査）によれば、次のような結果が出ている。

男の子……1位「スポーツ選手」（21・9％）、2位「警察官」（14・5％）、3位「運転士・運転手」（9・0％）、4位「消防・レスキュー隊」（8・6％）、5位「TV・アニメキャラクター」（5・7％）。

女の子……1位「ケーキ屋・パン屋」（30・3％）、2位「芸能人・歌手・モデル」（12・9％）、3位「看護師」（6・2％）、4位「花屋」（6・0％）、5位「教員」

（5・1%）。

なんとなく想像がつくのは、子どもが知っている職業が限られているからだ。今あるすべての職業のうち、子どもが認識している割合は、おそらく3割程度ではないか。

少なくとも、ベンチャーキャピタルにあこがれている子どもがいるという話は聞いたことがない。そんな仕事があることすら知らないからだ。

職業の才能も遺伝する

そもそも仕事の好き嫌いと向き不向きは別の問題である。好きな仕事が向いているとは言い切れないし、特に好きでもない仕事で大成している人は少なくない。

本書では何度も繰り返しているが、向き不向きは、やはり遺伝的な要素が強い。

三國清三氏という、日本を代表するフランス料理のシェフがいる。東京・四ツ谷にある「オテル・ドゥ・ミクニ」などのオーナーシェフであり、食育普及などにも積極的に関わっている。

三國氏は北海道の増毛町出身で、1954年、漁師をしていた父と農家をしていた母との間に生まれた。私は増毛町に隣接する留萌市に住んでいた経験があるから、そこがどれだけ過酷な土地かを知っている。冬は風速20メートルを越す地吹雪に見舞われることもある。とてもではないが、今から60年近く前の増毛町でフレンチのシェフを育てるような教育環境が整っていたとは思えない。

子どもの頃から高級料理を堪能して美食家として育ったわけでもないのに、フレンチシェフとして大成した。遺伝のなせるわざと考える以外、どうにも説明がつかない。

そう考えると、警察官の子が警察官になったり、医者の子が医者に、政治家の子が政治家になったりするのも納得がいく。

私がベンチャーキャピタルで新卒採用をした経験でいえば、会社員や公務員の子よりも、自営業の家庭に育った学生のほうが、能力を発揮する傾向が強かった。

公務員の親は安定志向が強く、自分の子も安定した職業に就かせようとするから代々公務員になる。そう考える人も多いが、実は教育の結果というよりも、公務員としての働き方がもともと性に合っている子だったというほうが正しいのではないか。

少なくとも、音楽やスポーツ、執筆といった分野は遺伝の影響がほとんどであり、後天的な努力ではいかんともしがたいことがわかっている。

「好きなこと」を「好きなだけ」やらせる

才能が遺伝するといっても、最初から才能が明らかなフィジカルな遺伝と違って、抽象的な思考は、ある程度年齢を重ねなければ完成しない。

つまり、ビジネスマンが本当の意味で天職に出会えるのは30代以降になってからで、**20代で才能を決めつけるのは早すぎる。**

最初に入社した企業が才能を活かせる場所ならそれに越したことはないが、向いていないとわかったら早々に見切りをつけて転職したほうがいい。

あなたの周りにも、一度民間企業に就職したものの、数年後に退職して公務員試験を受験し、官公庁に勤務したり警察官になったりする人が1人や2人、いるはずだ。これは民間企業を経験することで、自分が公務員に向いているのをはっきりと自覚した結果と言える。

警察や官公庁の側も、そういう事情は熟知しているので、第二新卒をあえて受け入れている。結果的に、民間企業から飛び込んできた人のほうが職場になじみやすいと経験的に理解しているのだろう。

子育てについて言えば、子どもの頃は、あえて仕事に結びつけないまま、好きなことに熱中させるのがベストである。**まずは熱中することを覚えるのが肝心**である。熱中するというトレーニングが、後々役立つことになる。

だから、しつこいようだがテレビゲームに熱中している子を邪魔するべきではない。よほどのことがない限り、20歳になってもテレビゲームだけをする人間になるわけがない。むしろ、20歳になってもゲームだけをしていたら、プロとしてやっていける可能性のほうが高い。どっちに転んでもゲームに夢中になって損はない。

何かに熱中できるというのは、それだけで大した才能といえる。熱中するトレーニングを積み重ねた子は、いずれ何者かになれるはずだ。

子どもに親の仕事場を見せる

親が子どもに自分の職場や自分の仕事姿を見せることには意味がある。

私自身、娘が小中学生のころは職場に何度も連れて行ったし、ビル・ゲイツが発表会などをするときに裏から見学させた記憶もある。

マイクロソフトには、子どもを気軽に職場に連れてくる人が多かった。アメリカの本社がそうしていたのにならったのだろう。

アメリカでは、親が子どもを職場に連れてくる光景が比較的よく見られる。日本でも、たとえば警察などでは子どもが署内を見学するような機会があると聞く。警察には剣道と柔道の道場があり、稽古に通ってくる子どもたちに警察の仕事の一端を見せているというわけだ。非常にいいことだと思う。

子どもには、親がどこかに連れて行けば、たいていは「おもしろかった」「楽しかった」と言う（「つまらなかった」「この前行ったところは大したことなかった」などと言う子がいたら、それはそれで見込みがある）。

47ページで話したアウトドアの例のように、本人が嫌がっているケースもあるから注意する必要はあろうが、本能的に、親に連れて行ってもらった場所は肯定的に受け止めるので、職場を見せてあげれば「仕事って楽しいものなんだ」「仕事っていいことなんだ」と思うようになる。

将来的にその子が親と同じ職業に就くかどうかはわからないが、親の職場を見せて損になることはないはずだ。

なお、「キッザニア」のような職業体験型テーマパークは、あくまでエンターテインメントの1つとしてとらえたほうがいい。そこに行って何かの職業を体験したからといって、子どもの職業観に決定的な影響を与えるとは思えない。

行けばエンターテインメントとしてそれなりに楽しめるだろうが、教育効果を期待するのは無理がある。要するに遊び場の1つであって、それ以上でも以下でもないということだ。

「この前は動物園に行ったから、今度はキッザニアに行ってみようか」というくらいの認識で、一度遊んでみるくらいはよいだろう。

自分の子どもが「仕事好きタイプ」か「家事好きタイプ」か見極める

仕事に対するスタンスは、人の性格によって異なっている。

たとえば私の妻は、外に出てどんどん働きたいというタイプの人ではなかった。外に遊びに出かける行為すらそれほど好きではなく、家で家事をするのが好きだった。

専業主婦は抑圧されていると主張する人もいるが、女性の中には一定の割合で家事好きな人が存在している。部屋を常にきれいに保ちたいとか、食事を作るのが楽しいとか、洗濯掃除を終えると快感を覚えるというタイプの人は結構いる。

いや、女性に限らず、男性だってそういう家事好きタイプの人はいる。最近は、子どもが生まれたタイミングで、夫のほうが1年間の育休を取得して専業主夫になるケースがある。これなど、夫が典型的な家事好きタイプだったということだ。

家事好きタイプは、何がなんでも仕事をしたいとは考えない。血眼になってものを売ったり買ったり競争したりしている姿を冷めた目で見ている。だから、仕事は配偶者に任せて自分は家事を担うというのが理にかなっている。

ちなみに、私の娘はわざわざ大人しくて家事好きタイプの夫を選んで結婚した。

「私はパパ似だから、パパみたいな人を選ぶと家庭崩壊するのが目に見えている。だからママに似ている人を選んだ」

そう言っていた娘の考えが、後になって大正解だったと気付かされることになる。

初めて娘の結婚相手と会ったときは、すごく優しそうで、ビジネスで大成功するようなタイプには見えなかった。毎日のようにベンチャー企業を起こした若手起業家とか外資系の商社マンなどを見ているのだから、そう感じたのも当然だ。

でも、今にしてみればそれ以上のベストカップルは考えられない。娘は好きなように外でバリバリ仕事をしているし、夫は夫で家庭の仕事をまったくいとわずに協力している。

育児と家事を夫婦で分担すべきという話をよく聞くが、それは夫婦そろって外で仕事したい人たちの話である。２人とも仕事に重きを置いているから、家事を押しつけられるのが我慢ならないというだけのことだ。

同じ仕事好きの夫婦と比較すれば、家事好き夫婦のほうがうまくいくかもしれない。彼らは少なくとも仕事好き同士のように喧嘩をしていない。２人で飲食店などを切り盛りするパターンが多い。

テレビ番組『人生の楽園』（テレビ朝日系）という番組では、50歳を過ぎた夫婦が地方にIターン・Uターンして第二の人生を楽しんでいる暮らしぶりを紹介している。彼らを見れば見るほど、家事好きタイプの夫婦なんだなというのがわかる。

きっとお父さんのほうは、サラリーマンが嫌で嫌で仕方がなかったのだろう。喫茶店でコーヒーを淹れたり、畑仕事をしたりする姿が、実に生き生きしていて楽しそうだ。奥さんもチマチマした仕事を楽しそうに手伝っている。

バリバリの仕事好きタイプにしてみたら、「もっと集客に力を入れて、店舗を拡大して……」などとじれったく思うのだろうが、当人たちにしてみれば小商いこそが理想であって、お客の顔の見えない商売などまったく念頭に置いていない。

話を戻せば、**子どもの性格によって仕事観が違って当たり前**だ。家事好きタイプに仕事を押しつけても苦痛になるし、逆もまたしかりだ。

「自分に合う街」を意識させる

まずは子ども自身の志向を見極めるのをお勧めしたい。

娘が高校2年生ごろだったろうか、「買い物に行こう」「昼飯を食べに行こう」などと言って、いろんな街に連れ出したことがある。

最初に行ったのが丸の内界隈。言わずと知れた大企業のオフィスビルが建ち並ぶビジネス街だ。その次に連れ出したのが六本木ヒルズ。当時、リーマン・ブラザーズやゴールドマン・サックスといった外資系・外銀系が集まっていたのが六本木という街だった。そして最後に向かったのが、新宿2丁目の雑居ビルの中にある有名な中華料理店である。

3つの街を見せたあとに「どこが一番好きだった？働くならどんな場所がいい？」と聞いたところ、娘は即座に「六本木ヒルズ」と答えた。

答えは何だっていい。要するに、中高生にもなれば自分に合った街の雰囲気がどういうものかがわかっている。それに気付かせる機会を持つことは意外に重要だ。

丸の内の雰囲気にテンションが上がる子どももいれば、古書店が並ぶ神保町あたりの雰囲気に居心地の良さを感じる子もいる。神保町がしっくりする子が丸の内に行くと、ちょっとしたアウェー感を感じるだろう。

霞ヶ関の農林水産省の食堂に連れて行ったら喜ぶ子どももいるかもしれない。それは、その子には官庁街の真面目な雰囲気が合っているということだ。

こういった〝街との相性〟には、なかなか侮れないものがある。ちょっと歩けば即座にわかるが、街にはそれぞれの個性がある。歩いている人の服装や雰囲気、歩くスピードもちょっとずつ違うし、飲食店の雰囲気も全然違う。

転勤族の親などはいろいろな場所で働かされるのに慣れてしまっているかもしれな

いが、実は**相性の悪い街で働くのは結構つらいものがある。**下町の谷中《やなか》あたりで雑貨店を営むような人が、六本木ヒルズで居心地の良さを感じるというのはあり得ない。案外、職場のメンタル疾患の一因は、こんなところにあるのではなかろうか。

大学3年生になって就職活動が始まると、内定を得ることに必死になって、街との相性はどうでもよくなってしまう。面接に呼ばれたら池袋でも、新宿でも、渋谷でも、どこでも出かけていく。いざ就職してから「やっぱりここで働くのはちょっと違う」などと言い出しても、もう遅い。だから、就活を始める前に、いろんな街を見せておくべきだ。

今後は社会起業家の活躍が加速する

今後、社会起業家や社会貢献につながるビジネスは確実に増えるだろう。これは、「いい人」が増えているからというより、単純に**食べるのに困らない人が増えてきた**からだと言える。

「衣食足りて礼節を知る」ということわざがあるように、人は生活に余裕が出てくると、初めて礼儀や節度を持つ心の余裕ができてくる。がむしゃらにお金を求めるよりも、社会に貢献してみんなから尊敬されたほうが格好いいという価値観が生まれてくるわけだ。

イーロン・マスクが電気自動車を手がけたのも、元はと言えば地球環境を守って持続可能なエネルギーを実現したいという野心があったからだ。それが、今では人類の火星移住計画を見据えて宇宙事業へと乗り出している。これなど、社会起業の最たるものである。

一方で、マイルドヤンキーもある種、社会的な存在だと思う。地方で生活し、親と同居などをしているから、リビングコストを安く抑えることができ、食べるに困らない。だから、仲間と楽しく暮らすことを第一に考える。

彼らは単に起業をしないだけで、発想はかなりソーシャルである。現に、地域の伝統行事や祭事などは彼らが中心となって維持している。

形は違っても、社会的な生き方を目指す風潮が加速するのは間違いない。とはいえ、社会起業などは狙ってできるものではない。素質のない人が無理に社会起業に手を出しても失敗するのがオチである。

経験上、ボランティアを積極的にやりたがる人と、まったく興味を持たない人は明確に分かれている。ボランティアに積極的な親を持つ子は、ボランティアに興味を示す傾向が強い。これも、言ってみれば遺伝の影響である。

たとえば私の知り合いのフリー記者の一人は、仕事で忙しいはずなのに、日曜日になると子どものサッカーコーチを嬉々として引き受けている。報酬を得ているわけではなく、ボランティアである。よく聞けば、親もボランティアに熱心な家庭で育ち、自分の子どももボランティアに強い興味を持っているのだという。社会起業に向いているのはこういうタイプの人たちだ。

ちなみに、社会貢献も細かく見ればベクトルの違いがある。

たとえば医学部に進学する人は、研究者になりたい人と医者になりたい人に大きく分かれる。ｉＰＳ細胞でノーベル賞を受賞した山中伸弥教授は、もともと臨床医をしていたのだが、このままでは多くの人の命を救えないと考え、研究職の道に進んだという。

一方で、目の前の患者を１人でも多く救うために尽力し「神の手」などと称される医師もいる。

どちらも必要な存在であり、どちらも正しいが、前者はイーロン・マスクのイメージに近く、後者はボランティアコーチのイメージに近い。少なくとも、私が知っている医者は、人を助けようという意識の強い人が大半だ。きっと「人に貢献したい遺伝子」みたいなものがIQとともに遺伝しているため、医者の子どもが医者になるケースが多くなるのだろう。

いずれにせよ、子どもがボランティアなどに興味があるなら、どんどん参加させればいい。逆にいえば、興味がないのに、無理やりボランティアや社会起業という価値観を押しつけようとしても失敗するということだ。

お金の教育はしない

子どもの金銭感覚をどう教育するかという問題だが、とりあえずコツコツ貯金させるのはよくない。貯め込むことを覚えても、将来的に豊かになれるとは到底思えない。

かといって、子どものときから株式投資をさせるといった話にも違和感を覚える。根本的に「お金が増える」という状況に夢中になったところで、ただのお金好きな人間にしか育たない。

お金というのは、面白い仕事をしてうまくいった結果、ついてくるものである。お金になりそうな仕事をしたことでお金が得られるわけではない。

だから、結論から言えば、お金の教育はしないほうがいい。お金の教育をするくらいなら、損得とは無関係なところでおもしろいことを探したり、熱中したりするスキルを磨かせたほうがいい。

私の周りでも、お金儲けがうまい人というのは、利に賢《さと》い人ではなくて、損得抜きで自分のキャリアに投資できる人だ。彼らは、一見すると損なように見えて、実は後後回収できるような投資をしている。それも、いちいち計算づくではなく、ごく自然に行っている。

たとえば、総合商社に勤務する人が、いきなり流通業に転職したりすることがある。給料がアップするどころか、下がったとしても迷わずそういう選択をする。サプライチェーンの最上流と最下流の両者を見たという経験を活かして、いつか必ずお金になるビジネスを手がけるのだ。

そういう人は、直感に任せて動いているので、最終的にどんな商売をするというビジョンが明確なわけではない。ただ、みんながよく口にする「夢」とか「目標」を持っていない代わりに、「今やっておくべきこと」に対する嗅覚が圧倒的に鋭い。言い換えれば、**「損をして元を取る才能」がある人こそが、本当にお金儲けが上手い**ということだ。

ところで、お金を儲ける人は、1つのことが続かず、どこかで飽きてしまう人でもある。飽きずに「〇〇一筋」というような人は、案外、お金に縁遠いことが多い。たとえば「この道40年」などという漆工芸の職人さんなどは、明らかに職人というよりアーティストなのだが、いわゆるアーティストに比べて清貧に甘んじている。お金儲けだけに限って言えば、やっていることが10年単位で変わる人のほうが才能がある。20代で仕事を始めたとすれば、3回目の転機、40代くらいで本当に稼げる仕事を見つけ出す。

20代〜30代にかけての「損をして元を取る」経験が40代で開花するわけだが、本人はあくまで儲けようなどとは狙っていない。**「今やっておくべきこと」をやっていた結果**、そうなっているだけだ。

第6章

AI時代を生き抜くためのSTEM教育

イノベーションを受け入れる下地をつくる

昔、自動車が世に登場したころ、この未知の乗り物をおもしろがった人もいれば、拒否反応を示した人もいた。

後者の人たちは、きっと「馬が動かす乗り物でなければ信用できない」などと主張し、後年のモータリゼーションを夢にも想像しなかっただろう。

ところがどうだ。１９０８年にＴ型フォードが登場すると、自動車の大衆化が一気に進み、今や日本では各世帯に約１台の割合で自動車が普及するに至っている。もはや自動車より馬車のほうが信用できるなどと声高に言う人は存在しない。

半世紀以上の時を経て、パソコンが大手企業に導入され始めた頃、かつてと同じような拒否反応が起きた。

当時、「日本人は欧米人に比べてタイプを打つ経験をしていないから、パソコンが一般に普及するとは考えられない」と主張する本が売れていたのを覚えている。

ずいぶん頭が悪い人もいるものだと呆れていたのだが、別の論者が「パソコンにはカタカナ用語が多すぎるので、普通の日本人は使いこなせるわけがない」と書いているのを知って、呆れるのを通り越して思わず笑ってしまったものだ。よくこうもまあ、「パソコンが普及しない理由」をあれこれ考え出せるものだと、そのいじましさに感心した記憶がある。

カタカナ用語が多すぎるからパソコンが使えないというなら、なぜ車は当たり前のような顔をして運転しているのだ？と、そんな疑問をぶつけたくなる。

ハンドル、ブレーキ、アクセル、フェンダーミラー、ガソリン、エンジン、ワイパー……いちいち挙げるまでもなく、ほとんど全部カタカナではないか。「ストライク」→「よし」、「ボール」→「だめ」などと、戦時中のようにいちいち日本語に言い換えるつもりだったのだろうか。

たしかにパソコンが普及し始めたときは、ディレクトリとかフォルダといった耳慣れない用語に多くの人が戸惑ったとは思う。最初は何の話をしているのかわからなかったに違いない。

しかし、**今では普通の人々が当たり前のような顔をしてWi-Fiについて話している。**我々IT関係者からすると感慨深いものがある。

「ファイルの意味もわからなかった日本人が、Ｗｉ－Ｆｉを理解するまで成長したのか」と。成長を称えたい気持ちの一方で「あれだけ嫌がっていたくせに、何食わぬ顔をしてパソコンを使っているじゃないか」と嫌みの一つも言いたい気持ちもある。

歴史は繰り返すという。

今後、ＡＩの進化によって10年後、20年後に我々の社会生活を根本から変えるような歴史的なイノベーションが登場することだろう。そのとき10％の専門家は「どえらい物が出てきたぞ」と驚愕し、残りの90％の人は拒否反応を示すだろう。

「こんなものが流行るわけないだろう」

「知らないカタカナ語ばかりで使いこなせるわけがない」

などと、偉そうに評論する人が登場するはずだ。でも、時間が経てば誰もが新しい技術を当たり前のように使いこなすに違いない。かつてたどってきた道なのだから、手に取るようにわかる。

そのとき、**新しい技術にいち早く飛びついた人は、新しいビジネスやサービスを生み出す**だろう。出遅れた人は、新しい技術に使われる生活を余儀なくされるだろう。

最新テクノロジーに触れる機会をつくる

子どもは将来「AIを使う人間」と「AIに使われる人間」とに二分されることになる。では、AIを使うメンタリティをどう養っていけばよいのか。

結論をいえば、新しい技術に触れさせることに尽きる。別にすべてを使いこなす必要などない。ドローンが飛んでいるところを1回でも見せて、「ドローンってこういうものなんだ」とわかってもらうだけでいい。

あるいは、3Dプリンターが動いている様子を見せて、「こうやって立体モデルを作っているんだ」と認識させるだけでも十分である。

AIも同じことだ。AIが実際に動いているところは見えないから、AI搭載のスマートスピーカーが音声を処理して音楽を聴かせたり、生活情報を伝えてくれたりするのを見せるだけでいい。

小学生の子どもなら、工場で実際にロボットが動いている様子を見せればおもしろがるに違いない。

福岡県北九州市にある安川電機は2015年、「安川電機みらい館」を開設した。同社はサーボモーターや産業用ロボットで世界一のマーケットシェアを占める。同館では、小型の産業用ロボット組立工場を見学できるほか、実際に動くロボットを体験しながらロボットへの理解を深めることができる。

ダイハツ工業も、小学生の団体を対象に大阪府池田市の本社工場と、滋賀県蒲生郡の滋賀工場内に見学コースを設けている。池田市の本社工場には、コーペンの生産ラインを見学できる「Copen Factory」もあり、人気となっている。

全国的に工場見学できる施設はたくさんある。食べ物に興味がある子は食品関係の工場が、乗り物好きの子は自動車工場などが合っている。

建築・インフラ見学でテクノロジーの歴史を学ぶ

外側からテクノロジーを眺めるだけでも意味があると思う。

たとえば、ずいぶん前から工場夜景クルーズが人気となっている。首都圏では、川崎を中心とする京浜工業地帯の夜景を船の上から見学するツアーが有名だ。

暗闇に浮かび上がる工場のイルミネーションは幻想的で、石油工場からはガスを焼却するときに出る炎である「フレアスタック」を目にすることもできる。子どもはもとより、大人にとっても迫力満点だろう。

日本には「五大工場夜景」というのがあり、北海道室蘭市、神奈川県川崎市、三重県四日市市、山口県周南市、福岡県北九州市を指すという。

「工場夜景」「工場夜景クルーズ」などで検索すれば、たくさんのツアーが見つかるから、気になったものを予約すればいい。私だったら動物園や水族館に行くより、断然こっちを選ぶ。

「工場ってキラキラしてきれいなんだな」

「このピカピカしているのは全部、人が作ったんだ」

こんなふうに、単純にテクノロジーへのあこがれを持つだけでも違うはずだ。

だから、巨大ダムなども積極的に見せたほうがいい。私自身、黒部ダムは複数回訪れた経験があるが、何度行っても感動を新たにする。

「こんな巨大なダムを人がつくったのか」と思うだけで興奮するものがある。感動しているのは男性だけかと思いきや、同行した人は男女を問わずに心底感動していた。

大の大人がこれだけ感動しているのだから、子どもに相当なインパクトを与えるのは想像に難くない。

全国的に人気のダムは存在する。香川県観音寺市の豊稔池ダムは日本最古の石積式マルチプルアーチダム（アーチ止水壁が複数連なるダム）であり、国の重要文化財にも指定されている。すでに竣工から90年近くが経過しているが、今も農地の水がめとして現役で活躍している。夏に不定期に行われるユルヌキ（放流）の風景は、風物詩として知られている。

また、大分県竹田市の白水ダムも、国の重要文化財。水流は白くて優雅で、日本一美しいダムとも評されており、ＣＭでも使われるほどである。いろいろ連れて行っているうちに子どもが「ダムマニア」に育つかもしれない。

ダム以外にも、東京スカイツリーなどの巨大な建造物には、一度は行ってみるべきだ。高さ６３４メートル、言わずと知れた世界一の高さを誇る自立式電波塔である。天望シャトル（エレベーター）に乗れば、高さ３５０メートルの天望デッキ（第一展望台）まで、約50秒で到達する。国内最高速６００メートル／分の技術を体感することにも意味がある。

日本では、東京オリンピック開催の1964年に東海道新幹線、首都高速道路、東京モノレールなどの交通インフラが整備された。そういった技術を目の当たりにしたことで、テクノロジーに対する信仰が生まれ、テクノロジー立国が始まったと言える。今も、子どもをテクノロジーに触れさせる意義は失われていない。こればかりはテレビで見るよりも、実際に体感したほうが断然いい。

プログラミングで論理的思考力を伸ばす

「STEM」という言葉については、もはや説明する必要もないだろう。念のために説明しておくと、STEMとは、サイエンス（科学）の「S」、テクノロジーの「T」、エンジニアリングの「E」、マセマティックス（数学）の「M」を並べた造語だ。

日本語では「技術」と「工学」の区別は明確ではないが、技術はツールをつくること、工学はそのツールを活かす方法と考えればいい。

STEM教育というと、算数や理科などの「理系教育」を思い浮かべる人が多く、算数塾に通えばいいという話になりがちである。しかし、闇雲に理数教育をするくらいなら、プログラミングを学ばせたほうがいい。

まずは基礎的なセンスとして、論理的に考え、論理的な文章を読み書きできる力を養うべきだ。

算数が苦手なのは、算数ができないからではない、という話がある。算数ができない人の多くは、何を答えよと求められているのかがわかっていない。つまり、論理的に読解する力が足りないところに問題があるわけで、論理的な読解力が上がれば、算数の成績も向上する。もちろん国語を始め、他の教科の成績も上がるはずだ。

とはいえ、受験勉強で論理的な読解力が身につくわけではない。**受験勉強で主に鍛えているのは、記憶力である。**算数だって、受験塾などでは解き方を暗記させて解かせているわけであって、中には論理的な理解力がないまま受験に合格してしまうケースもある。

では、どうやって論理的な読解力が身につくのかというと、論理的に書く力をつけることである。**論理的に書く力をつける上では、プログラミングが有効だ。**

書いたことがある人にはわかりきった話だが、プログラムというのは非常に論理的に書かなければ成立しないものだ。プログラムの一か所でも文字が欠けていたら、正常に作動しない。普通の文章なら、小さな誤植があっても文意を読み取る上では支障がないが、プログラムはそういうわけにはいかない。

プログラミングを学べば、論理的な文章を書くこともできるし、読めるようにもなる。プログラミングに親しんでいれば、アプリやサービスを自ら作り出すこともできる。AI時代になっても基本構造は変化しないから、学んだスキルが無駄になる可能性も低い。

イノベーションがITの周辺で起きることを踏まえれば、プログラミングは必須のスキルと断言できる。親がプログラミングに疎いなら、とりあえずはプログラミング教室などに通わせる方法がある。

論理思考を伸ばすということでは、将棋や囲碁に触れるのもよいだろう。大成した経営者が将棋や囲碁の実力者であるというのはよくあるケースだ。もちろん偶然などではなく、将棋や囲碁を通じて養った論理思考や大局観を仕事にも応用しているわけだ。今はわざわざ道場や集会所に出向かなくても、対戦相手がいなくても、ネットで自宅に居ながらにして将棋や囲碁を楽しむことができる。ネットでくだらない記事を読んでいるくらいなら、ネット将棋やネット囲碁をしたほうがいい。

科学博物館は絶対に連れて行くべき

すでに言及したように、本書でいう「理系センス」とは、物理や数学の問題を解く力ではなく、**STEMに対する興味**のことである。

STEMに対する興味を育むにあたっては、学校教育に頼っていたのでは限界がある。自ら機会をつくり、科学博物館など、STEMの楽しさを体感できる施設に子どもを連れて行くことが大切だ。

科学博物館や科学をテーマにしたテーマパークは全国各地にある。近場で面白そうな施設があれば、どんどん行ってみればよい。

東京都内に住んでいるなら、三鷹市の国立天文台三鷹キャンパスには絶対に連れて行くべきだ。三鷹キャンパスは、国立天文台の本部であり、天文学の研究を行うと同時に、研究施設を公開し、定例イベントなどを開催している。

施設は常時見学できるほか、事前申し込み制で「定例観望会」「4D2Uドームシアターの公開」を行っている。

多摩六都科学館（東京都西東京市）もいい。目玉は、ドームの直径が27・5メートルという世界最大級のプラネタリウムである。「最も多くの星を映すことができるプラネタリウム」としてギネス世界記録の認定を受けている。私が体験した中でも、最も充実したプラネタリウムと言える。さらに、「チャレンジの部屋」「からだの部屋」「しくみの部屋」「自然の部屋」「地球の部屋」の5部屋があり、その中にあるラボで体験しながら学ぶことができる。

天文台も多摩六都科学館も、天体に興味のある子どもにとってはたまらない場所だろう。

都心近辺では、横浜こども科学館（はまぎん こども宇宙科学館）なども充実した体験型科学館である。館全体が巨大な宇宙船をイメージしており、フロアごとに違ったテーマを体験しながら学ぶことができる。

もちろん、上野にある国立科学博物館（科博）も忘れてはならない。私は科博好きが高じて、2冊も本をつくってしまったほどだ。サイエンスに関するあらゆるものが展示されていて、1日滞在しても飽きることがない。

子どもを科博に一度連れて行けば、どんな分野に興味があるのかがわかる。科学といっても、物理、生物、地学、化学で興味が分かれるし、生物といってもいろいろな生き物がいる。海洋生物が好きな子は、海洋生物の展示から離れようとしないし、恐竜好きな子は恐竜、爬虫類好きな子は爬虫類の展示にへばりつく。

そこで子ども自身が、自分はこれが好きなんだと気付くし、親も「この子はこれが好きなんだな」と気付く。好きな分野が見つかったら、その分野をどんどん掘り進めていけばいい。

私自身、何がきっかけだったのかはわからないが、高校生の頃、地学が大好きだったのを思い出す。物理や化学などは大嫌いだったが、不思議と地学には夢中になれた。今でもＮＨＫ番組の「ブラタモリ」を見ると、地質から地形を解き明かすプロセスに興奮してしまうし、実際に岩石の種類もほぼ見当がついてしまう。

当時、化学の成績さえ良ければ、理系コースに進んで研究者にでもなっただろうか。そうしたら、地方都市の専門家として「ブラタモリ」にも出演できただろうか、などと夢想することがある。

ともあれ、科学の中で１つでも興味のある分野が見つかれば十分だ。現実は、科博に連れて行っても、まったく興味を示さずに素通りしてしまう子が半分以上だろう。その子は、科学には向いていないということになる。

最新デバイスをどんどん与えるべき

私が今の時代に子育てをするなら、最新のデバイスをどんどん与えるに違いない。親世代にしてみたらよくわからないデバイスであっても、その子が大人になる頃には当たり前になっている可能性がある。

スマホなどのデバイスを持たせてよいものか悩む親も多いと聞くが、私なら迷いなく持たせる。最新の機器に触れさせておけば、大人になってからも上手に使いこなせるからであり、メリットとデメリットを比較するまでもないと考えている。

当然、詐欺などの犯罪被害のリスクや、知らない間に有料サービスを利用することによるトラブルなどは一通り教えておく必要はある。

エロに関していえば、「エッチなものを見ちゃダメだよ」といっても、取りあえず親の前では見ないふりをして、隠れて見る可能性は大いにある。それは、我々だって親に隠れてエロ本を買って、本棚の奥深くに隠した経験があるのだから、絶対に禁止するのは無理筋というものだ。

使用時間を制限する必要もないと思っている。

以前、バイオリニストが子どものゲーム機をバキバキに折り壊したというのがニュースになった。約束した時間を守らずに遊び続けたからだというが、あれは特殊な例である。そもそも子どもをバイオリニストに育てようと思ったら、とてつもない時間がかかる。ゲームなど悠長にやっている時間はないわけであり、普通の家庭とは事情が違う。プロのミュージシャンやスポーツ選手を育てるのでない限り、デバイスを何時間でも触らせていいのではないか。

とはいえ、子どもは子どもなりに、やってはいけないラインを自覚してデバイスと向き合うはずだ。

ある程度親と子で注意点を話し合った上でデバイスを持たせて、それでもなお、トラブルに巻き込まれてしまったのであれば、**デバイスを与える以前に問題があった**ということだ。何でもかんでもデバイスのせいにしてはいけない。

SNSによるいじめの被害も同じだ。LINEでいじめられたというのも、いじめるような子と付き合っていることに最大の原因がある。いじめっ子は、ＬＩＮＥがなければリアル世界でいじめを行っていたはずだ。デバイスそのものがいじめを起こすわけではない。

だから、スマホを持たせないからといっていじめのリスクがなくなると思ったら大間違いである。重要なのは、自分の子がいじめられているかどうかを把握できるかどうかだろう。いじめられたときに、親に相談できるような関係をつくっておくことに注力すべきだ。

仮に子どもがいじめられていたら、学校には無理に行かせなければいい。

私には、子どもがいじめられているにもかかわらず、学校に行かせようとする親の気持ちがまったく理解できない。私だったら、クレームも入れずに、即座に学校をやめさせる。そして、自分の手で教育するだろう。

本人が大学に行きたいなら、大検を取らせて、あとは予備校から大学受験をすればいいだけの話だ。

学校をやめて小中学校のときに友だちができなかったからといって、子どもの性格が歪むとは到底思えない。

アートの教養は、工夫次第で十分に育つ

STEMに「A」を加えた「STEAM」という言葉がある。Aはアート（芸術）を意味している。

ビジネスでは、デザイン思考の重要性がうたわれるようになっている。デザイン思考とは、経営やマーケティングなどのビジネスにデザイナー的思考を応用することだ。最近では、顧客とのコミュニケーションや仕事の進め方を含めて、格好いい商品をつくるためにどうすればいいかを考えるのが当たり前になっている。

これからはSTEMのみならず、**アートにも造詣を深めなければ、ビジネスにならない。**子どものアートの素養は養わせておくに越したことはない。

そこで朗報なのが、アートの才能は遺伝割合が比較的低いという研究結果が出ていることだ。行動遺伝学が専門で慶應義塾大学教授の安藤寿康氏が書いた『遺伝子の不都合な真実―すべての能力は遺伝である』（ちくま新書）によれば、アートの才能は環境の影響が半分近くとなっている。要は練習次第で伸ばせる後天的な能力というわ

けだ。

だから、音楽やスポーツなど圧倒的に先天的要素が強い分野と比較すれば、アートに関わらせたほうが努力の余地がある。

アートは鑑賞してもよいし、実際に絵を描くのもいい。

美術館に行けば、作品の好き嫌いがはっきり分かれる。私がメトロポリタン美術館に行ったときには、中世絵画にはまったく興味が持てず、印象派もどこがいいのかさっぱり理解できなかったが、印象派以前の写実主義の絵画には心を動かされた。ゴッホはポスト印象派の画家だが、これは別格だ。近くで見ていると吸い込まれそうな気分になり、しばらくは離れることができない。

子どもだって本能的にハマる絵画があるはずだ。どれにハマるかは実際に美術館に行ってみないとわからない。

ただし、1つ問題がある。子どもの集中力の問題である。小学生なら30分しか集中力が続かないし、中学生でも1時間がいいところだろう。大きい美術館となると、1時間で全部の作品を見るのは不可能だ。そう考えると、美術館に連れて行ってハマる対象を探すのは難しい。

だったら、好きなタイプの絵を自分で描かせたほうが話が早いのだが、学校の美術教育に任せていたら上手くいかない。

日本の美術の教育は、実は大正時代に流行った自由画教育運動の影響を未だに引きずっていて、手のクロッキー（短時間で描く写生）を描くなどという、退屈かつ難しいことをやらせている。手のクロッキーなんて、うまく描けるわけがないから、「自分は絵が下手だ」「絵を描くなんておもしろくない」と思われて当然だ。言ってみれば、日本では子どもを美術嫌いにする最高の教育を施してしまっている。

けれども、透視図法などの技術を教えれば、それなりに風景をきれいに描けるようになる。自分で飾っておきたくなるような作品を描ければ、絵が好きになるし、工夫しようとする意欲もわいてくる。最近は、論理的に絵の描き方を教えるスクールもできているので、通わせてみるのも面白い。

もっと言えば、**写真のレタッチがお勧め**だ。実際に風景を見て描く必要もなく、ソフトを使って写真を加工すれば十分見栄えのいい作品になる。

スマホやタブレットで撮った写真を、レタッチツールを使って加工する方法を教えるわけだ。エフェクトをかけるとか、モノクロにするとか、輪郭線を抽出するとか、小学生だって教えればできるようになる。

写真を水彩画のように見せてくれる「Waterlogue（ウォーターローグ）」などのアプリを使えば、ちょっとした写真が立派なアートになる。

試しに公園に子どもを連れて行って、好きな写真を撮らせて加工させてみればいい。2〜3回もやれば「風景を撮るときの構図はこうすれば格好がつく」といったセンスも身についてくる。

親と一緒に撮った写真をいじっているうちに、絵を好きになってくれたら、もっと絵を描きたいと思うかもしれない。なぜこれを学校の美術の時間にやらないのだろうかと、本気で思う。

ゲームで論理的思考力を伸ばす

子どもにタブレットを1台与えれば、活用の幅が広がる。

たとえば、パズル系のゲームをするだけでも論理的なセンスを磨くことができる。

ここでいくつかお勧めのゲームをピックアップしてみよう。

1つめは「Monument Valley（モニュメントバレー）」。トリックアートを活用した三次元パズルゲームであり、画面をタップしたり、スライドさせたりしながら新しい道をつくってゴールを目指すという趣向だ。子どもにやらせたら一発で夢中になるのではないか。

「FRAMED（フレームド）」もパズルゲームとしてよくできいる。マンガのようにコマ割りされたフレームを入れ替えながら、ストーリーをつくり上げていくという設定で、うまく行けば主人公のアウトロー（プレイヤー）が窮地を脱して逃げおおせることができる。

バラバラに撮影した映像を編集する作業に似ていて、論理的な読解力がなければクリアできないようになっている。

これらは大人向けを想定して作られているゲームだが、大人が独占していたのではもったいない。小学生でも問題なく遊べるし、飽きずにストーリーづくりを続けるはずだ。プログラミング教育の初歩としてもうってつけだ。

「Cut the Rope（カット・ザ・ロープ）」は、前者の2つと比較すると、いかにも子どもがとっつきやすい立て付けのゲームだ。ステージ上に配置されたキャンディを、謎の生物オムノムに届けると、オムノムがそれを食べてステージクリアとなる。これが基本ルールである。

論理的に考えない限りクリアできないゲームであり、テレビで盛んに宣伝しているパズルゲームの類とは似て非なるものといえる。

「Angry Birds（アングリーバード）」は卵を盗んだブタを、鳥たちが報復するという設定のゲーム。これも論理的に考えなければクリアできないようになっていて、ステージが進むと考えるだけでもクリアできなくなり、試行錯誤を求められる。まさに「Plan（計画）→Do（行動）→See（観察）→Action（改善）」で脳のサイクルを回すことになるので、脳トレとして最高だ。

ほかにも探せばおもしろいゲームはいっぱいある。親が自分で1回やってみて、良さそうなものがあったら子どもにすぐに与えればいい。全部数百円程度の買い切りゲームだから、費用対効果を考えたらおそろしく安くつく。

ボタンを押すだけの頭を使わない課金ゲームはすべてやめて、こういうゲームで遊んだほうがいい。

SF作品は、科学的素養を高めるものを選ぶ

SF・サイエンス系のマンガやアニメに親しむのも悪くない。日本のロボット工学者の中には、幼少期に『鉄腕アトム』に触れたことが科学の道に進むきっかけになったと語っている人も多い。日本のロボット技術に『鉄腕アトム』が果たした影響が大きいと言われるゆえんだ。

今も、情報工学や科学をテーマにしたマンガは発表されている。『宇宙兄弟』（小山宙哉作、講談社）など人気作品もある。

一方で、ファンタジーSFは科学的なリアリティがなさすぎて、どうにもしらけてしまう。『宇宙戦艦ヤマト』など不条理SFの最右翼であり、昔から科学考証の雑さについて、さんざんやり玉にあげられてきた。

たとえば、昔、海に沈んだ戦艦に波動エンジンを搭載して宇宙を航行する……と書いているだけで頭が痛くなってくる。光速の99％で移動するという設定もどうかしている。

『機動戦士ガンダム』も、日本のロボット業界に大きな影響を与えた作品の１つだろう。しかし個人的には、真空状態の宇宙で爆音を響かせ、火柱を上げながら戦闘するシーンが当たり前のように出てきている点が非科学的で、気になってしまう。

アメリカはその点、視聴する作品が完全に二極化している。『バットマン』や『スパイダーマン』などのアメコミに喜んでいる層は、はなから科学や技術などには興味がない。一方で、高所得者層は『２００１年宇宙の旅』のようなＳＦ作品に親しんできた。

スタンリー・キューブリックによる映画版が公開されたのが１９６８年。思えば、あの頃からアメリカの社会階層が大きく分かれたのではないかという気がする。

ファンタジーＳＦを楽しんでいるようでは、科学に対して脳内がお花畑状態になってしまう。お花畑状態のまま、技術と無関係に生きていくのは不可能だ。

好きな移動手段を追求する

ところで、一口に「アウトドア好き」といっても、「海好き」と「山好き」とに明確に分かれる。山が好きな子はテントでキャンプするのを喜ぶ。海が好きな子は、シュノーケリングに夢中になったりする。だから夏休みには海と山の両方に行ってみて、興味を示したほうに繰り返し行ったほうがいい。

同様に、技術に親しむという意味では、旅行先に行くまでの乗り物も追求すると結構面白い。

北海道に行くなら、普通は飛行機で移動するのが最も手軽だが、飛行機でテンションが上がる子どもばかりではない。中には、東北本線をローカル電車でじわじわ北上するのを好む鉄道好きの子もいるだろう。あるいはマイカーで移動したがる子もいるはずだ。

さらに言えば、フェリーという手段もある。関東で言えば、茨城県の大洗から苫小牧行きのフェリーが毎日運行している。電車は単なる「長めのトラック」みたいにとらえて興味を示さない子が、横浜の大黒ふ頭などで巨大なタンカーを見せると大興奮するようなことがある。

大人だって、好きな移動手段は明確に分かれる。Facebookを見ているとおもしろいのだが、飛行機で出張したときの写真をやたらアップしている人がいるかと思うと、新幹線で崎陽軒のシウマイ弁当ばかり写している人もいる。

飛行機に乗っている人は新幹線に乗ることもあるはずだが、なぜか新幹線で移動しているときの写真を載せようとはしない。人は気分がいいときにFacebookに投稿するから、無意識のうちに興味があけすけになってしまうわけだ。

私の娘も、飛行機にはまったく興味を示さなかったし、飛行機に乗ってもつまらなそうにしていた。けっして女の子だからというわけではなく、その証拠に、船に乗せたら俄然興味を示していた。

私の知り合いには、子どもをよくクルージングに連れ出している人がいる。クルージングといっても、東京湾やお台場周辺、隅田川などをちょっとした船で回るツアーがたくさんある。子どもが楽しめるのだったら、どんどん乗せればいい。

休暇日数の都合もあるだろうが、飛行機、電車、フェリー、車・バス移動をそれぞれ1度は経験し、何に感動するかを試して損はないだろう。

おわりに

振り返ってみると、私は、親や学校の先生たちにとって、なかなかやっかいな子どもだったと思う。

なにしろ、長時間落ち着いて座っていることができないし、思ったことをすぐ言動に移してしまうし、忘れ物も何度となく繰り返す。

それが、今よく言われている「発達障害」、とくに「注意欠陥多動性障害（ADHD）」の傾向に近いと気づいたのは、30歳頃になってからだ。

世間には、周囲の人と同じようにできないがゆえに生きづらさを抱えている人がいる。けれども、私は幸いなことに楽しく人生を送ってくることができた（詳しくは『発達障害は最強の武器である』SB新書）。

高校時代は授業を半分ほどしか受けず、残りの半分は保健室で英字誌を読んで過ごしていた。それでも、先生たちは「こいつはそういうやつだから」と、なかば諦めて不問に付してくれていた。だから、授業に出ないのに生徒会長までやっていた。

大人になり、縁あってIT業界で働くことになった。そこでは、ビル・ゲイツをはじめ、私以上に規格外れで変わった人間がトップになり、圧倒的な成功を収めている様子を目の当たりにした。そこに生きづらさを感じる余地などあるわけがない。

私には物事をとことん好きになれる「ハマる」才能があった。これはADHDの特質の1つである「過集中」である。本書に登場してもらった堀江貴文氏にも、似たような傾向を感じる。彼も新しいものに次々と飛びついて行動している。


今は、私が子どもだった頃よりはるかに環境が整っている。習い事でもプログラミングでも、低コストで始められる。とことん変わっていて、とことんのめり込める子が評価される時代になっている。だから、変わっていること、オタクであることを恐れず、どんどん突き詰めればいい。

子育ても人生も、終わってみれば一瞬の出来事。だから最後に声を大にして言いたい。

「楽しいことをやらなくてどうする！」

著者略歴

成毛 眞（なるけ・まこと）

1955年北海道生まれ。中央大学商学部卒業後、自動車部品メーカー、アスキーなどを経て、1986年日本マイクロソフト設立と同時に参画。1991年同社代表取締役社長就任。2000年退社後、投資コンサルティング会社インスパイア設立。2010年、おすすめ本を紹介する書評サイト「HONZ」を開設、代表を務める。早稲田大学ビジネススクール客員教授。

SB新書　439

AI時代《じだい》の子育《こそだ》て戦略《せんりゃく》

2018年6月15日　初版第1刷発行

著　者　成毛 眞

発行者　小川 淳

発行所　SBクリエイティブ株式会社

〒106-0032　東京都港区六本木2-4-5

電話：03-5549-1201（営業部）

装　丁　長坂勇司

本文デザイン・DTP　荒木香樹

編集協力　渡辺稔大

編集担当　鯨岡純一

印刷・製本　大日本印刷株式会社

落丁本、乱丁本は小社営業部にてお取り替えいたします。定価はカバーに記載されております。本書の内容に関するご質問等は、小社学芸書籍編集部まで必ず書面にてご連絡いただきますようお願いいたします。

ISBN978-4-7973-9465-8